AF591093

LES FLIBUSTIERS

DE

LA TORTUE

ET

LA FRANCE

EN 1890

Par Stanislas NAYSER

COUP D'ŒIL SUR HAITI

PARIS
IMPRIMERIE DE G. BALITOUT ET Cie
7, RUE BAILLIF, 7

1891

LES FLIBUSTIERS DE LA TORTUE

ET

La France en 1890

N°

M

LES FLIBUSTIERS

DE

LA TORTUE

ET

LA FRANCE

EN 1890

Par Stanislas NAYSER

COUP D'ŒIL SUR HAITI

PARIS
IMPRIMERIE DE G. BALITOUT ET Cᵒ
7, RUE BAILLIF, 7

1891

PRÉFACE

Au moment de me rendre en Tunisie et au Sénégal, rentrant du Mexique et des Antilles, que je parcours depuis longtemps, je crois bien faire de signaler certain état de choses dans la république noire d'Haïti.

Il est utile de faire connaître à ceux qui peuvent y remédier soit directement, soit par leur intervention à la tribune, soit par leur autorité dans la presse, les plaintes et les griefs qui, malheureusement de la part de nos compatriotes, ne sont pas limités aux côtes de Saint-Domingue et que le défaut d'organisation laisse toujours sans écho.

Les faits que je signale ne sont pas exceptionnels et, comme on va le voir, les notes et renseignements d'autrui appelés au secours de mes observations personnelles ne me font pas défaut. Voici ce que m'écrit un homme qui depuis longtemps étudie ces pays d'outre-mer :

« ... Votre idée me semble juste et, en tous cas, elle

est nouvelle et originale. Elle a de l'actualité, condition rare en ce qui touche Saint-Domingue.

» Je ne sais si vous trouverez grand'chose dans mes dossiers. J'écris pour qu'ils soient mis à votre disposition. En voici la liste. Il vous la faut :

— Dix ans d'études dans l'île de Saint-Domingue.

— Étude sur la Dominicanie.

— Le Comptoir du 30 0/0 ou entreprise à faire dans la république dominicaine.

— Philosophie du système métrique (pour les États-Unis et les Antilles).

— L'élève du bétail.

— Comparaison du bétail à cornes en Australie et en Dominicanie.

— Haïti comme on le croit et comme il est.

— La question sucrière dans Haïti.

— La distillerie et la sucrerie dans l'île de Saint-Domingue.

— Les travaux publics.

— Le café, le cacao, le sorgho et le maïs.

— Comment on gagne son pain dans Haïti.

— La propriété territoriale en Dominicanie.

— Les coulisses de l'insurrection du Cap-Haïtien en 1888.

— Scènes et aventures humoristiques dans l'île de Saint-Domingue.

Enfin, un certain nombre de rapports et d'études séparées, telles que : l'individualisme et le rôle de l'étranger ; la liberté et l'éducation, etc., qui ne font pas chacun un livre, mais qui feraient plutôt des chapitres dans les livres précédents.

» Vous pouvez prendre dans ce tout, qui a beaucoup plus de volume que de valeur, vous pouvez même disposer des copies de rapport ; seulement je vous adresse deux requêtes :

» 1° De réserver les portraits, soit sérieux comme celui de M. Jimenez et autres, soit comiques dans le genre de celui de Mehemet Elie ; ainsi que les dessins. Je les destine à la gravure, et j'ai toujours refusé d'en laisser prendre copie.

» 2° Si vous citez quelques passages, que je laisse à votre appréciation, veuillez, s'il y a des noms de personnes, leur adresser un exemplaire de votre livre. Je tiens avant tout à être juste et, dans ce que je publierai un jour ou l'autre, à m'entourer de tous les moyens d'équité.

» Le public est un tribunal, et on ne saurait porter un blâme devant lui sans faciliter à chacun, le moment venu, une rectification ou une justification.

» ....

» Port-au-Prince, octobre 1890.

» G. PETITPIERRE-PELLION. »

Je satisfais au désir de M. Petitpierre-Pellion. Non-seulement aux personnes nommées par lui, mais à toutes celles nommées dans ce livre, un exemplaire est adressé gratuitement et sûrement.

D'ailleurs, cet ouvrage, pour le moment, n'est pas en vente libre. Chaque exemplaire est numéroté et destiné personnellement à des fonctionnaires, des écrivains, des hommes d'État, etc., et constitue ainsi une correspondance privée.

Ci-après la liste des personnes nommées dans le texte et auxquelles un exemplaire est envoyé.

Je regrette d'être obligé de partir avant d'avoir pu disposer de la scène comique à laquelle je fais allusion au chapitre IX. J'ai l'espoir qu'au prochain tirage je pourrai la joindre au texte actuel.

Que se passera-t-il en Haïti d'ici là ?

Paris, novembre 1890.

S. NAYSER.

LISTE

DES PERSONNES NOMMÉES DANS CE LIVRE

Me Archin.
Ademar (Auguste).
Baron d'Almeda.
D'Aubigny.
Boisrond-Canal.
Cauvain.
Chambeau-Debrosse.
Chante-Grellet.
Devé.
Demeuran.
Espin.
Frederick (Élie).
Faure.
Ferdinand Fâvre.
Fereaud-Giraud.
Flesh.
Flourens.
Flowil (Hippolyte).
Firmin.
Haentjens.
Hartmann.
Hillion (Monseigneur).
Huttinot.
Segundo Imbert.
Jacob (Octave-Francis).
Isidro Jimenez.
Juliao.
Monseigneur Kersugan.
Laforestrie.
Erhard Laforest.
Lavaud.
Edgard Laselve.
Deus Légitime.
Lémont (Comte de).
Madiou.
Manigat.
Meurand.
Monclar (Marquis de).
Nelson-Desroches.
Nord (Général).
Postel.
De Priceprevost.
Quentin.
Rackley.
Louis Renaudt.
Reine.
Ribot.
Ritt.
Salomon-Figaro.
Santini.
Sesmaisons (Comte de).
Simonds.
Silvie.
Solon-Menos.
Société française du câble sous-marin.
Spuller.
Thomson.
Trouillot.
Varennes (Marquis de).
Zorhab.

Les Flibustiers de la Tortue

ET

LA FRANCE

En 1890

COUP D'ŒIL SUR HAÏTI

I

Christophe Colomb était venu.

Sous l'empire d'une erreur arrivée à l'état d'idée fixe, il était parti, guidé par sa foi aveugle dans l'équilibre du globe au moyen de continents d'outre-mer. Une folie après tout; de celles que le succès rend sublimes et que le destin, à son gré, transforme en trait de génie ou en utopie ridicule.

Quelle que fût l'inexactitude du point de départ, personne ne saurait contester à Christophe Colomb le mérite d'une grande énergie et de beaucoup de courage et de fermeté, qualités indispensables pour réussir dans de pareilles entreprises.

D'ailleurs, lui et ses premiers compagnons étaient soutenus par un fanatisme religieux et par l'orgueil de la patrie, et ce n'est que plus tard qu'avec ces hardis aventuriers, ou plutôt derrière eux, vinrent s'abattre, de l'Europe entière, les avides, trompés par des récits exagérés et mal compris, et prêts à tout pour la fortune.

Mais, partout où aborda Christophe Colomb, il planta le drapeau espagnol et une croix. Une chapelle ou un calvaire, tels sont les vestiges qu'on retrouve encore aujourd'hui de ses explorations courageuses et de ses exploits.

Dans l'île de Saint Domingue, alors Haïti, recherchant l'or dont une cacique indiqua les gisements, les Espagnols s'étaient fixés dans la partie de l'Est, où ce métal abondait, où il abonde, et où on trouve encore aujourd'hui les débris de son extraction et de la fabrication des lingots et des monnaies.

Laissons de côté les actes de barbarie qui signalèrent cette exploitation et qu'à tort on attribue exclusivement aux Espagnols. Les aventuriers de tous pays s'étant précipités là, comme de nos jours, à Panama et à Colon, les mêmes abus s'y produisirent sous d'autres formes.

Pendant que les hommes du Midi apportaient à la couronne d'Espagne et au christianisme tout un hémisphère, des hommes du Nord, aussi braves, aussi cupides, plus positifs et pas plus scrupuleux, venaient à leur tour prendre leur part, non des richesses à acquérir, mais des richesses acquises.

Les Espagnols avaient pris l'île d'Haïti, *Hispagnola*. Ils en extrayaient l'or. Les Normands imaginèrent de leur dérober l'or tout extrait, moulé ou monnayé, et de fonder dans l'île de la Tortue un centre de piraterie.

La Tortue, par sa position dans les Antilles, par sa situation relativement à Saint-Domingue, dont elle est une des dépendances géographiques, était on ne peut mieux placée pour un repaire de forbans. En un moment on traversait le canal, couvert des vents du nord par La Tortue elle-même, et l'on se trouvait à portée des meilleures baies de toute l'île : la rade du Cap-Haïtien, le Port-de-Paix, le môle Saint-Nicolas.

Peut-être les Normands avaient-ils précédé Christophe Colombe dans les découvertes. Une expédition, partie de Dieppe, aurait jadis reconnu les Antilles. Mais le mérite de l'occupation revenait toujours au Gênois ou, plus exactement, au Corse espagnol dont les cendres reposent dans la cathédrale de Santo-Domingo.

Puis avant eux, des Carthaginois auraient, d'après Platon, découvert l'Atlantide, et le sénat de Carthage aurait, pour des raisons de politique commerciale, étouffé cette découverte.

Les Normands vinrent donc s'établir à La Tortue. Ils y firent, comme pirates, des prodiges de valeur, attaquant sur de légères chaloupes un contre vingt, et capturant les gallions espagnols chargés d'or en lingots ou en monnaie.

Ceux-là ne se battaient ni pour un drapeau ni pour une foi. De la France, ils ne s'occupaient guère. Et quant à la Croix, pour ces juifs catholiques qui terrorisaient à Carthagène la population dans l'église en plein office, c'était le moindre de leurs soucis. Comme courage et comme audace, ils dépassèrent les plus célèbres prouesses du forbanisme et finirent, de La Tortue, par établir à la grande île une colonie normande, et non française, une *Normandie haïtienne,* du Cap au Môle d'abord. Et si à cette époque la France eût essayé de s'en emparer, ils eussent combattu l'expédition française comme ils combattaient les successeurs de Colomb. Plus tard, les établissements s'étendirent. La colonie appartint définitivement aux Normands vainqueurs des Espagnols battus par du Rausset, qui en fit cession à la France moyennant finances et non par abnégation chrétienne ni patriotique.

Le premier gouverneur français, et non normand, fut le comte de la Bouëre, né en Anjou.

Jusque là, la colonie fut de fait normande. La Tortue, le nord d'Haïti, du Môle au Cap, et les ports de Normandie furent donc dans des rapports commerciaux d'une unité constante.

La doctrine du lucre, le commerce et la finance sont nécessairement cosmopolites et indépendants des questions de patrie et de drapeau, sauf en ce qui favorise les profits matériels. C'est pourquoi la pesnée de M. Harry Emmanuel, baron d'Almeda et ministre de Dominicanie à Paris, de créer aux juifs une patrie à Saint-Domingue est une utopie. Les chrétiens et autres exploitent le sol, ils tirent leur existence de la transformation des matières naturelles. Le juif, lui, exploite l'homme; il tire son profit du bénéfice fait. Sa patrie est partout où il y a une transaction, un trafic petit ou grand. Et si demain on enfermait les juifs dans un pays quelconque, et surtout dans une île, ils y seraient trop à l'étroit et ils en franchiraient les frontières sans besoin de retour. Ils reviendraient à l'état actuel qui leur permet d'utiliser des qualités remarquables qui ne deviennent fâcheuses que par l'abus.

La Tortue devenue inutile, il resta le Cap-Haïtien, point capital de la Normandie antillane, avec le Havre, port principal de la Normandie européenne, *chefs-lieux unis* de la Normandie haïtienne. C'est à ces particularités qu'est dû le développement occidental de l'île de Saint-Domingue comme colonie, quoique moins beau, pas plus fertile, et bien moins salubre que la partie de l'Est.

Si La Tortue eût été au Nord-Est, c'est la Dominicanie actuelle qui eût pris la place de cette colonie française, si tristement sacrifiée par la passion politique de parti et qui produisait plus de 600 millions par an, occupant 1.600 navires et 28.000 marins, bien plus que ne donne l'Algérie.

Aujourd'hui encore, et naturellement, le Havre est le port, sinon exclusif, au moins principal du commerce d'Haïti avec la France.

Les maisons françaises du Cap sont havraises, par correspondants, agents ou associés ; on peut dire que les deux villes n'en font qu'une sous ce rapport. Au Havre s'expédient comme au temps jadis les deux produits essentiels et presque uniques d'Haïti : le campêche et le café. Du Havre sont venues les tentatives d'usines à teinture de campêche faites dans Haïti. Au Havre se publient les mercuriales des produits haïtiens; au Havre se fabriquent les teintures des bois haïtiens et s'effectue la préparation mécanique des cafés.

Et si l'on objecte que dans les faits que j'examine, un nombre très limié de gens sont mêlés directement et au Havre presque exclusivement, il faut remarquer que le Havre a concentré, comme je viens de le dire, les relations avec Haïti et qu'au Havre ces opérations se sont elles-mêmes groupées dans quelques maisons dont l'influence, à tous les points de vue, rayonne tout à l'entour et même au loin.

Les Normands qui se considéraient avec raison comme maîtres de la Normandie antillane, n'oublièrent pas leurs droits et surtout n'abandonnèrent pas leurs prétentions du temps passé, après que la colonie fut vendue à la France. Quel est d'ailleurs, en faisant naturellement la part des exceptions, le Normand qui vend une terre ou un bétail sans arrière-pensée d'en conserver au moins l'usage et mieux de les reprendre ?

Les traditions d'origine et d'intérêts commerciaux et le tempérament des groupes qui ont formé des provinces par affinité se perpétuent sous forme souvent inconscientes à l'état latent. Comme chez les Fenians ou les Boërs elles se réveillent à des moments inattendus sous des apparences qui varient suivant les époques.

Au temps où on attaquait par monts et par vaux, la dague d'une main, l'épée de l'autre, les choses ne se passaient pas comme aujourd'hui où on tue légalement à coups de papier timbré et d'insinuations calomnieuses dans la presse. D'autre part, la Normandie haïtienne n'a pas pu perdre les traditions de son origine. Sa devise était :

Du sang pour de l'or.

La cupidité sans scrupule a pénétré le sol. La bannière d'antan porte aujourd'hui, dans Haïti :

Tout pour de l'argent.

La piraterie ne peut s'exercer de nos jours comme autrefois. Les écumeurs de mer se sont adoucis ; ils s'exposent moins; ils font tuer les autres. La corruption et la publicité mensongère ont remplacé l'escopette et la hache d'abordage.

Autrefois les Normands prenaient les gallions chargés d'onces.

Aujourd'hui ils prennent la caisse publique remplie de piastres.

Autrefois ils faisaient bon marché de la France.

Aujourd'hui ils agissent contre le prestige du drapeau et contre la sécurité des Français.

Alors ils n'avaient aucun souci de la religion.

Aujourd'hui ils offensent le clergé breton d'Haïti qui, dans une pensée commune de patriotisme avec la légation de France réprouve un acte de forbanisme nuisible aux Haïtiens, à la France et aux Français.

Autrefois ils battaient les Espagnols sur mer.

Aujourd'hui ils battent le gouvernement français en même temps qu'Haïti dans les couloirs de la Chambre et dans les ministères.

En cela ils ne trompent personne, ils sont dans leur rôle. Des marchands ne sont pas des amiraux. Le commerce est spéculateur avant d'être patriote et sous ce rapport le groupe commercial capois-havrais est spéculateur avant d'être Haïtien ou Français. Rien là que de naturel.

C'est au gouvernement français, c'est aux ministères à ne pas l'ignorer, à en tenir compte, à savoir se renseigner à bonne source, à agir dans un esprit de patriotisme pratique, et à ne pas se rendre à la merci d'une certaine coterie d'argent.

Voilà en quelques mots à quoi se résument l'insurrection du Cap Haïtien en 1888 et les conséquences actuelles des intrigues de chambre et de ministère qui en constituent un des principaux éléments.

Le prestige et l'intérêt de la France, la sécurité de nos nationaux sacrifiés à un acte de forbanisme capois-havrais, les Normands reprenant passagèrement le gouvernement d'Haïti à leur profit exclusif avec la protection complaisante ou naïve d'un ministre des affaires étrangères, voilà le dernier mot de cette singulière aventure dont je vais exposer les points principaux.

II

Je suis loin de prétendre qu'il n'y ait pas une foule de Normands prêts à se faire tuer pour la France. Bien qu'en 1870 le directeur d'une des grandes Compagnies industrielles de Paris, possesseur d'une fortune mal acquise, se soit montré à Dieppe, sa ville natale, d'une platitude plus qu'adulatrice vis-à-vis des autorités prussiennes, et que le marquis de Varennes se soit heurté dans son zèle patriotique à une certaine froideur de la population, il ne manquerait pas d'exemples à citer pour compenser ces impressions fâcheuses, et un grand nombre ont fait leur devoir et plus que leur devoir.

Je ne discute pas le patriotisme de la Normandie.

Ce que je maintiens c'est qu'il existe aujourd'hui, comme autrefois, là plus qu'ailleurs, un amour du gain aveugle ou peu soucieux des moyens, un groupe permanent traditionnel que je définirais assez bien par une Corse intéressée. Qu'une fois en présence de questions d'intérêt, ce groupe de gens appliquent la même ardeur à les défendre que les Corses à venger leur honneur ou leurs droits, moins pourtant le risque personnel ; le Corse s'exposant hardiment sans idée de profits, comme le Normand s'exposait autrefois par passion de s'enrichir.

Or, en 1888, il y avait d'une part dans Haïti un gouvernement populaire, pacifique, dominé par des désirs de progrès et en pleine réaction contre les procédés arbitraires et sanguinaires qui l'avaient précédé. Ce gouvernement était notoirement plein de sympathie pour la France et pour les Français qui, à la fin du gouvernement précédent, avaient été de plus en plus évincés, rejetés au dernier rang, à ce point que la Banque nationale même, compagnie française, ne comptait plus dans son nombreux personnel, du haut en bas de la hiérarchie, que des Allemands, des Autrichiens et pas ou presque pas de Français.

Plusieurs de nos nationaux, ruinés de fond en comble par les incendies politiques du 4 et du 7 juillet 1888, qui détruisirent dix-huit cents maisons en deux fois et en moins de deux heures ; plusieurs de nos nationaux saluaient un gouvernement qui allait rendre à notre nationalité un prestige affaissé et en même temps réparer spontanément et amiablement des dommages que le retard rend irréparables.

Le gouvernement d'alors recourait aux Français pour des missions de confiance toutes les fois que l'occasion s'en présentait. La France et les puissances européennes reconnaissaient donc unanimement le gouvernement nouveau. Et c'était question de patriotisme de la part des Français de le respecter, de le traiter en gouvernement ami, et de lui fournir tout l'appui et tout le concours moral possible.

De plus, dans un pays comme Haïti, où se propagent tant d'idées incohérentes et fausses, où le catholicisme lutte pied à pied contre les traditions du cannibalisme africain, la piété connue du chef de l'État, sa vie familiale contrastant avec une débauche d'accouplements irréguliers, devaient lui mériter les sympathies du clergé et l'estime de tous les esprits chrétiens, et tout le clergé d'Haïti est français, presque exclusivement breton.

Donc, d'une part, Haïti en relations politiques d'amitié avec la France et le clergé français, et représentant le respect de notre nationalité et de notre religion.

D'autre part, le groupe capois-havrais, la Normandie pseudo-française et pseudo-haïtienne. Dans quelles conditions?

Au Cap ou à *la Nouvelle-Tortue,* on peut dire que la majorité des notables commerçants étaient aux abois. Ceux-ci, par des actes de corruption administrative qui, en France, eussent conduits à de longs châtiments criminels ; ceux-là, employés infidèles dans les services de l'État ; bien d'autres condamnés à rendre gorge et à payer, à divers délais, des millions dérobés au Trésor ; un bon nombre ayant un gros passif et un actif nul ou insignifiant ; ceux-ci sans emploi, ceux-là sans galons ; les autres enclins, même sans urgence, à profiter des opérations imprévues, à prendre, comme jadis, des gallions chargés d'or ; tous demandant au ciel un miracle pour les enrichir ou pour les sauver.

III

Le miracle arriva ; la chute du président Salomon, qui tomba dans une heure et sans résistance. Et, du même coup, elle laissait entrevoir la possibilité de s'emparer, non de l'or de la couronne d'Espagne venant de l'Est, mais de l'argent du bonnet phrygien d'Haïti venant de l'Ouest. L'un valait l'autre. La position stratégique était la même.

De la patrie et de la religion, les Normands capois n'avaient cure, comme autrefois.

Ils n'avaient pas de temps à perdre en réflexions et en scrupules, il fallait se mettre en campagne sans perdre un instant.

Pour prendre la caisse publique, pour pouvoir battre monnaie, émettre du papier, régler d'un trait de plume complaisant les dettes de l'État, combler ou amoindrir les différences ou les bilans négatifs, il suffisait de renverser le gouvernement dès sa naissance.

Et pour renverser le gouvernement du président Légitime, il fallait trois choses dans un pays où l'on savait, paraît-il, que tout était à vendre.

Il fallait de l'argent d'abord, avec des promesses ensuite.

Des navires, des armes, des munitions après.

Enfin, de la publicité à outrance, mensongère ou calomnieuse suivant les besoins.

Qui veut la fin veut les moyens.

« Un peu de sang pour beaucoup d'or. »

« Tout pour de l'argent » (1).

---

(1) « Sur cette terre, où l'ignorance et la mauvaise foi ont libre » jeu, où l'honnêteté et le talent sont le plus souvent honnis, cons- » pués, l'audace peut tout entreprendre si elle a eu soin de mettre à » son service l'intrigue et la passion. Alors les métamorphoses les » plus incroyables s'opèrent en un clin d'œil, comme apparaissent » les champignons vénéneux qui s'étalent par myriades sur les » troncs pourris à la première apparition de l'ombre précurseur de » la nuit. » (Extrait du journal l'*Œil*. Port-au-Prince, 19 avril 18[illegible]4. Journal rédigé par M. Lavaud.)

Les fonds nécessaires, on les promit, sans les avoir, au général ambitieux, quoique peu cupide, qui, ayant trahi son chef, tenterait l'aventure et qui se porterait à la présidence en achetant les chances de succès, c'est-à-dire électeurs et personnages influents

On eut son consentement.

Avec cette promesse, on trouva l'argent qu'on avait garanti sans l'avoir. Il fut fourni par un spéculateur dominicain, fils d'un honnête président de la République dominicaine, homme aventureux par tempérament et par situation, don Isidro Jimenez, tout puissant à Montechristy.

On appela au secours le gouvernement américain et le gouvernement dominicain.

D'accord avec eux, on organisa des bateaux-pirates secondés et protégés par les cuirassés des États-Unis, moyennant la promesse, sous une forme indéfinie, d'un pied au môle Saint-Nicolas, la première position de stratégie maritime de toute l'île.

Les Américains et la contrebande dominicaine, soutenue par les bateaux de guerre des États-Unis, fournirent les canons, les mitrailleuses, les fusils, les cartouches, etc., etc.

Les gens des campagnes, soi-disant soulevés contre le gouvernement d'Haïti, faisaient le coup de fusil au contraire contre le gouvernement insurgé de *la Nouvelle-Tortue*. On battit monnaie, on sema l'or; on acheta, on corrompit; on usa et on abusa de la corruption, de la trahison, de la calomnie, au point que le président Légitime se retira, laissant le pays conquis *mani pecuniari* aux Normands-Capois, qui se comportèrent en vainqueurs.

Au milieu de cette lutte de cupidité effrénée, la plupart des chefs s'affolèrent. Non seulement ils traitaient en ennemis ceux dont ils usurpaient le pouvoir et qu'ils qualifiaient, par antithèse, d'*usurpateurs,* ceux qui restaient fidèles, mais encore tous ceux qui ne voulaient pas se laisser corrompre et qui refusaient de trahir leurs devoirs et de manquer à la plus élémentaire loyauté. Ainsi en fut-il de la représentation française au Port-au-Prince et de ceux qui s'y comportèrent loyalement. Ainsi en fut-il du clergé breton, dans Haïti, vexé, calomnié et persécuté jusqu'aujourd'hui.

Aussi les Capois normands qui engageaient aux Antilles la lutte ouverte, engagaient-ils, en France, la lutte cachée, dissimulée, mais exaspérée, lutte qui dégénéra en Haïti en rancunes mesquines et en haines personnelles que les ministres du gouvernement actuel alliés aux Normands-Haïtiens laissent percer parfois de la façon la plus comique.

IV

On s'assura d'abord M. Faure. Qu'est-ce que M. Faure? —Je ne le connais pas. Je ne sais de lui qu'un surnom : *Le Père Tropique.* Encore est-ce une usurpation. Piqué de curiosité, voici ce que j'ai découvert :

Il y avait autrefois à Nantes, en Bretagne, un vieux sénateur, maire de la ville depuis une trentaine d'années. Son activité et son désintéressement patriotiques étaient aussi légendaires que sa chevelure blanche *sui generis* et incomparable. Il s'appelait Ferdinand Fâvre, rien de commun avec Jules. Et Cham, dans un de ses spirituels portraits au *Charivari,* faisant allusion au baptême sous la ligne à bord, l'avait représenté sous la figure traditionnelle du Père Tropique.

Le même surnom à M. Faure aurait une origine analogue, sauf la chevelure, et viendrait des qualités qu'il a revélées au baptême de la ligne télégraphique tropicale.

Les Normands ont toujours la spécialité des prouesses d'outremer.

Je ne connais donc de M. Faure que son surnom, je ne lui ai jamais parlé ; je ne l'ai jamais vu.

Je vais lui rendre un service.

Existe-t-il, oui ou non, une lettre de M. Simonds où il est dit : « Nous nous sommes assuré le concours de M. Faure ? »

Ceci à propos des affaires du Cap-Haïtien avec le gouvernement d'Haïti et des relations de la France avec ce gouvernement.

Eh bien, si pareille chose, en pareille circonstance, pouvait être dite de moi, j'en serais désespéré, et pour moi et pour ma famille qui pourrait en rougir.

Que M. Faure vienne incognito dans Haïti, qu'il interroge le premier ancien du pays qu'il rencontrera, et qu'il lui demande l'origine des fortunes les plus en vue, les plus acceptées ; il en trouvera plus d'une qui dans tout autre pays serait flétrie et réprouvée.

La fabrication des faux billets de banque, des fausses feuilles de paiement, les détournements, les abus de confiance, les faux en écriture, les banqueroutes frauduleuses, l'usure, la corruption administrative, la contrebande, la vente à fausse qualité et à fausse mesure stigmatisées ailleurs, sont choses courantes et presque avouées.

Or, dans tout pays où la sanction sévère de la justice ne dispose ni de l'extradition, ni de prisons sûres bien organisées, ni de pénitenciers, ni de maisons de correction, ni de piloris, ni d'un bagne étroitement fermé, les impunis du dedans et les évadés du dehors agissent librement et constituent un bagne ouvert. C'est le cas d'Haïti en ce moment, et en continuant ainsi n'oublions pas qu'au jour où dans un pays il n'y a pas de vilain métier, il n'y a plus que de vilaines gens. Car nulle part au monde les honnêtes gens ne protègent les coquins : ce sont les coquins qui se protègent entre eux. Tout se résume à ne pas vouloir ou ne pas pouvoir.

Que M. Faure prenne les journaux : il y trouvera le tarif des députés variant suivant les articles qu'il s'agit de voter où les illégalités qu'il s'agit de taire, il y trouvera les tarifs des incendiaires et des assassins. Qu'il demande à n'importe qui ce qu'on pense quand tel ou tel dit : nous nous sommes assuré le concours de M. Faure ; et pas un n'hésitera à lui répondre : cela signifie qu'on l'a acheté, lui et un groupe d'amis, et qu'on leur a donné une somme d'argent pour manquer à tous leurs devoirs et faire le jeu du Cap-Havrais au détriment des intérêts réels de la France.

Voilà ce que M. Faure ne soupçonne pas. Il y a des milieux et des causes auxquels il ne faut pas toucher.

Lorsque M. Reine dit avoir quarante députés à la Chambre française pour obtenir la révocation du chef de la légation de France, et désire le renversement du ministre M. Spuller, parce que celui-ci a évité cette révocation par un subterfuge en la donnant comme faite aux derniers jours de la session, il n'est personne dans Haïti qui ne soit convaincu que les choses se passent en France comme là-bas, et que chacun des quarante députés au moins ne se soit vendu aux Capois-Havrais (1). Et cela semble fondé quand les gens du Cap ou autres nordistes, gênés pour cent piastres et moins, se sont enrichis en un tour de main de la misère publique et sont aujourd'hui millionnaires, sans qu'aucune justification, malgré les Chambres et la presse, ait répondu à la rumeur publique sur l'origine suspecte de ces fortunes invraisemblables.

Voilà ce que M. Faure ni ces députés ne soupçonnent, et voilà ce que personne n'a osé ou voulu leur dire, ce que les Normands-Haïtiens se garderaient bien de leur dire et ce que je leur dis.

Ils ne pourront que m'en savoir gré.

La lutte fut donc aussi vive à Paris qu'au Port-au-Prince ; elle y revêtit une autre forme. Mais un ministre des affaires étrangères normand vint, aux souhaits des Capois-Havrais, remplacer M. Spuller.

Je ne connais nullement M. Ribot ; mais je le crois de la meilleure foi du monde. Seulement, amené là évidemment par

---

(1) Un individu, qui pourtant est allé en France, me disait très-simplement ceci : « cela a dû leur coûter cher, tous ces députés, car à Paris ça coûte plus qu'ici ». Il trouvait cela tout simple et ne pensait certes pas tenir un propos désobligeant.

le concours de ses compatriotes de Normandie, il est impossible qu'il ne soit pas prévenu et influencé dans le sens de leurs intérêts égoïstes et de leur parti pris.

Or, les intérêts normands-haïtiens se trouvent être antifrançais dans le cas qui nous occupe. Le gouvernement français se traîne à la remorque du groupe normand-capois, c'est-à-dire du gouvernement actuel d'Haïti, qui est sa création; c'est-à-dire du gouvernement le plus hostile aux étrangers, aux Français surtout, et dont la constitutiou traite les Français en véritables parias.

M. Simonds, qui se serait, dit-on, mis d'accord avec M. Faure, est un israélite allemand d'une fortune influente au Port-au-Prince, sur les commencements, les mérites et la puissance de laquelle il est facile de se renseigner. M. Simonds ne contestera pas cette influence, et l'administration de la Banque non plus. Il ne serait même pas étranger, prétend-on, à la composition du personnel de cet établissement français, qui n'a pas eu jusqu'ici un seul membre français dans sa direction. M. Simonds est le beau-père d'un haut fonctionnaire de la République française, qui pourrait bien un jour arriver au portefeuille de M. Ribot. Et pour peu que cela continue, ce sont les négociants de *la Nouvelle-Tortue,* vertueux ou non, qui dirigent les destinées de la France dans Haïti en 1890, et qui disposent du prestige de la France et du sort des Français dans ce pays, où le personnel d'une légation ne suffit pas à réparer les dénis de justice et les iniquités dont les Français sont victimes, ou à l'insu ou par la volonté des chefs d'État, suivant leur caractère.

Et je dis vrai.

V

On prétend que le rappel de M. le comte de Sesmaisons, Breton et patriote, coupable d'avoir évité par son attitude et ses mesures énergiques un désastre sanguinaire semblable à celui de 1883, ce dont les Haïtiens honnêtes et sensés, ceux qui ne pêchent pas en eau trouble, lui gardent une profonde reconnaissance ; coupable aussi et surtout de ne pas s'être associé à l'aventure des Normands-Haïtiens, a eu pour cause des raisons d'administration intérieure au ministère des affaires étrangères.

De pseudo-Français, des Français à leur heure et des journaux payés ont donné à entendre que l'attitude de la légation française au Port-au-Prince avait amené l'intervention américaine-dominicaine. Cette défense justificative, inventée après-coup, est tant soit peu naïve et intervertit les dates pour quiconque a pu suivre la presse et juge sans parti pris. Quoi qu'il en soit, et en admettant, par impossible, les griefs les plus sérieux contre le ministre de France dans Haïti, il est des circonstances où le gouvernement français ne doit pas imiter Ferdinand VII à Bayonne et provoquer la réflexion que faisait à cet égard Napoléon Ier.

Faire au gouvernement normand-haïtien, représenté par le tout-puissant M. Antenor-Firmin du Cap, le sacrifice du retour du comte de Sesmaisons, ne fût-ce qu'une heure, au Port-au-Prince, est une humiliation. Et tout ce que je dis est si vrai qu'on est allé plus loin dans cette voie.

VI

Du consentement de son auteur, j'emprunte à un mémoire confidentiel remis à un fonctionnaire français les passages suivants :

« . . . . . Tous ces gens-là perdaient la tête. A les entendre, ils étaient là à la prise de Smolensk ou au bombardement de Sébastopol. Ils avaient été héroïques sur des monceaux de cadavres.

» Toutes les notions, du reste, étaient et sont tellement fausses ou faussées, que je dois citer un fait caractéristique qui influa grandement sur les rancunes capoises et sur les intrigues havraises.

» Le comte de Sesmaisons étant en bons termes avec M. Reine, ancien commis devenu justement fondé de pouvoirs de la maison Devé, du Havre et du Cap, lui proposa, en l'absence de M. Quentin, consul de France dans cette dernière ville, de se charger du consulat.

» Dans une situation comme celle du moment, où les attributions consulaires dépassent inévitablement le rôle purement commercial, M. de Sesmaisons aurait pu réfléchir que M. Reine, il y a peu encore, jeune commis élevé au Cap et lié de camaraderie familière et quotidienne avec les Haïtiens révoltés, n'avait probablement pas l'indépendance voulue et le genre d'éducation convenables en pareil cas. Qu'excellent consul, sans doute, comme chargé d'affaires commerciales, il pourrait être dépaysé au milieu de considérations d'un autre ordre. Mais il pensa probablement que M. Reine s'inspirerait de la situation principale : des rapports d'amitié de la France et du gouvernement reconnu.

» M. Reine accepta.

» M. Reine représentait donc, de son libre consentement, dans une ville insurgée, un gouvernement ami du gouvernement du président Légitime, reconnu par la France.

» Or, que fait M. Reine ?

» Il prend, lui Français, des actions dans l'entreprise de la Triple Alliance *Americano-Dominicano-Nordiste,* fondée pour renverser le gouvernement ami de celui que lui-même, M. Reine, représente comme consul, gouvernement favorable aux nationaux de son consulat !

» C'est une faute grave, presque une félonie : cela ne se discute pas.

» Mais ce ne serait là qu'un fait. Le point intéressant, l'enseignement qui en résulte, c'est le niveau moral alors de tout ce milieu dont les idées fausses constituent l'excuse d'une mauvaise action.

» Supposons que M. Reine envoie un ingénieur le représenter dans l'administration d'une mine concédée à un des amis de la maison Devé, et que cet ingénieur mette 50.000 fr. dans une entreprise ayant pour objet de déposséder le concessionnaire et de s'emparer par la force de son exploitation, il chassera et poursuivra l'ingénieur infidèle, qui sera justement condamné.

» Nous faisons tous ainsi beaucoup de mauvaises actions faute de les analyser.

» M. Reine n'est ni un méchant homme ni un esprit obtus. Il est obligeant et assez sympathique, quoique se prenant peut-être un peu trop au sérieux. Il a été élevé dans un comptoir de magasin. Il y a donné des preuves de capacité. Mais il existe un ordre de gens et de choses qu'il n'a jamais vus de près, sans doute, et qu'il ne soupçonne peut-être pas. Il n'a pas cru mal faire.

» Comme le disait un de ses amis pour le défendre : « *Il est* » *spéculateur avant d'être consul.* »

» Autrefois on était Français avant d'être agioteur.

» Et M. Reine était de bonne foi. C'est là l'enseignement sur la moralité, à cette époque, du Cap-Haïtien. Il trouvait cela tout naturel. Pas un ami ne lui a dit : Prenez garde, c'est une action malhonnête. Il n'y a pas songé.

» Et c'est si vrai que c'est lui-même, M. Reine, qui va raconter à un de nos braves commandants de vaisseau, de ces hommes de désintéressement et d'abnégation, de ces hommes corrects et droits sans cesse esclaves du devoir, c'est lui qui va raconter à un officier de marine, stupéfait, qu'il a mis une somme respectable dans l'insurrection qui marche à souhait, et qu'il regrette de ne pas en avoir mis plus !

» Néanmoins, M. de Sesmaisons chercha à adoucir une révocation trop méritée, et profita du retour de M. Quentin, le consul titulaire absent, pour prétexter qu'il était juste que celui-ci reprît son poste.

» Les idées de droiture, de loyauté, de fidélité, de probité, de patriotisme et de devoir sont, ou du moins étaient tellement faussées, qu'une foule de gens du Cap excitaient M. Reine contre M. de Sesmaisons (1). »

» De là des calomnies sans nombre et des plus ineptes. De là des intrigues dans les couloirs du palais Bourbon et deux camps formés : l'un, celui des Haïtiens, pseudo-Français, Français de circonstance et autres, agissant contre le comte de Sesmaisons ; l'autre, celui des Haïtiens honnêtes et sérieux, celui des gens impuissants et immobiles, des Français étrangers à la conquête de la toison d'or et attendant du gouvernement français la réapparition du ministre regretté, pour ne pas donner gain de cause aux prédictions parties du groupe Capois, où on s'est fait fort, devant qui a voulu l'entendre, de faire révoquer le ministre de France par le groupe de députés dont on dispose. M. Reine ajoutait que si la chose n'était pas déjà faite, c'était grâce à un subterfuge de M. Spuller, déclarant, en réponse aux interpellations de M. Faure, que M. de Sesmaisons était

(1) « Un autre grief de M. Reine.

» Celui-là, quoique mieux fondé, ne justifierait pas de haine personnelle contre son ministre. J'ai tenu à l'éclaircir, et voici ce qui s'est passé :

» Un Capois en évidence avait déposé devant notaire une déclaration contre le ministre de France, relative à des faits qui se seraient passés dans la maison du général Hérard-Laforest, en présence de M. Solon-Menos, alors rédacteur de l'*Union* et avocat bien connu. Or, M. de Sesmaisons, qui, pendant tout son séjour, avait pour méthode de n'aller chez aucun fonctionnaire et qui même ne faisait de visites à personne, demeurant à la campagne, où il allait de son cabinet, à cheval, et *vice versâ*, M. de Sesmaisons n'avait pas mis le pied chez le général Hérard, commandant d'arrondissement. Celui-ci venait de temps en temps à la légation qui était en face de son bureau. D'autre part, à cette date, le ministre de France n'avait jamais vu M. Solon-Menos, qui n'avait jamais, d'ailleurs, eu occasion de venir à la légation. Personne des Français habitués à aller chaque jour pendant ces

révoqué, tandis qu'il n'en était rien, et que M. Spuller n'avait pas dit la vérité.

» Dieu me garde de jeter le même blâme à tous les habitants du Cap ou du Havre. Il y a là nombre de gens modérés, raisonnables, sensés, qui n'ont pas participé à l'initiative des meneurs et qui sont exempts de l'égoïsme coupable de ceux-ci. Ils ont suivi, et ont dû suivre un mouvement qu'ils ne pouvaient empêcher, quelques-uns même auraient pu s'enrichir qui ne l'ont pas fait, et beaucoup d'entre eux, au fond, quoiqu'ils en aient profité, n'auraient pas entrepris de s'enrichir à de pareilles conditions.

» Et je ne doute pas qu'un grand nombre n'aient déploré en silence une aventure ruineuse et meurtrière, devant laquelle la cupidité effrénée des premiers n'a pas reculé, quitte à s'échapper au moment voulu comme des malfaiteurs, et à aller à l'étranger, dans des pays qu'ils exècrent, jouir de l'impunité qu'ils y trouvent.

» On a dit que si M. de Sesmaisons revenait, il y aurait des manifestations contre lui. C'est absurde. Il y aurait eu à son

---

évènements se mettre aux ordres de leur ministre ne l'y avàit jamais rencontré.

» Tous trois ; le ministre, le général et M. Solon-Menos protestèrent, et les assertions de M. Nelson-Desroches donnèrent lieu à un procès comme calomnieuses.

» L'avocat de la légation étant tout à coup parti pour l'Europe pour raisons de santé urgentes, le ministre, sur la recommandation générale, désigna pour le remplacer M. Solon-Menos, qu'il vit alors pour la première fois.

» Celui-ci, lors du procès contre M. Nelson-Desroches, demanda des renseignements au ministre, qui, fort affairé dans le moment, après avoir fouillé rapidement dans les papiers, dit à M. Solon-Menos : « Au surplus, prenez le dossier et cherchez vous-même ce » qui peut vous être utile. » M. Solon-Menos prit le dossier et suivit le procès.

» Il arriva que dans le dossier se trouvait une lettre de M. Reine, et que M. Solon-Menos en lut une partie au tribunal dans l'affaire de retour beaucoup de politesse de la part des gouvernants, beaucoup de sympathie de la part des Haïtiens honnêtes, un silence complet de la part de ceux qui, en fait d'argent, ont réalisé en un clin d'œil la pêche miraculeuse, et de quelques individus moins arrogants qu'autrefois et d'ailleurs passablement déçus.

» Un journal américain a dit que le retour du comte de Sesmaisons serait le signal d'une guerre civile. C'est une ineptie. Un changement de gouvernement est inévitable après la guerre étrangère déguisée sous le nom de guerre civile qui l'a établi ; et on n'aura pas besoin pour cela du retour de M. de Sesmaisons. On comprend d'ailleurs le mobile de la presse américaine, qui n'a pas dissimulé *que les Etats-Unis avaient renversé M. Légitime et placé là le général Hippolyte, moyennant certaines conditions, et que s'il avait des velléités d'oublier ses engagements, on saurait bien les lui rappeler et, au besoin, les faire respecter.*

» Ce qui est vrai, c'est que, quand on crut à un prochain retour du comte de Sesmaisons, une souscription s'ouvrit parmi les Français pour lui faire une réception sympathique et lui souhaiter la bienvenue.

---

la capture de l'*Haytian Republic,* sans avoir consulté M. de Sesmaisons, qui ne s'en doutait pas.

» Et remarquons que cette lettre, qui, en effet, n'aurait pas dû être lue et qui le fût à l'insu du ministre de France, n'apprenait rien à personne. La contrebande de guerre de l'Haytian Republic était un fait avéré pour tous.

» Avec le parti pris d'hostilité sans scrupule qui existait au Cap, on comprend combien on profita de cette circonstance pour exciter M. Reine, non contre M. Solon-Menos, ce qui n'aurait été d'aucun profit pour les insurgés, mais contre le ministre de France, qui, ne s'abusant pas sur le fond de l'aventure insurrectionnelle, devait nécessairement ne pas la favoriser dans ses rapports au gouvernement français. »

A l'appui de ce qu'on vient de lire, voici comment s'exprime un intéressant journal lu de tous les gens modérés aux Etats-Unis, la *New-York Tribune,* n° 15385, volume XLVIII; samedi 29 décembre 1888 :

VII

L'auteur, qui se borne dans ce mémoire à un exposé des faits, n'écrivait pas sous l'influence d'une pensée de recherche philosophique de la persistance occulte de vieilles traditions ou d'instincts invétérés. Il constate donc, comme on le voit, l'état des choses ou l'état des idées actuelles, et rien de plus.

Mais depuis ce moment de nouveaux faits se sont produits, qu'il mentionne également comme faits, et qui viennent corroborer la continuité de l'action normande-haïtienne et l'envahissement du ministère des affaires étrangères par ce pouvoir

---

« HAÏTI DEMANDERA-T-IL UNE INDEMNITÉ?
» *Question suggérée par le peu d'égards dont le président a fait*
» *preuve vis-à-vis du ministre, M. Preston.*
» Washington, 28 décembre. — Un membre d'une des légations
» étrangères disait aujourd'hui à un correspondant de la *Tribune* que
» quand on connaîtrait le fond de l'histoire de la restitution du
» vapeur américain l'*Haytian Republic,* comme il arrivera quelque
» jour, il en ressortira des révélations dont le président des Etats-Unis
» n'aura pas lieu d'être fier, et si les faits sont exacts, comme on le
» dit, il est heureux pour les Etats-Unis que cette offense s'adresse
» à Haïti et non à un pays comme l'Angleterre ou l'Allemagne. »
Ce diplomate ajoute :
« Certains faits qui se rattachent à cette affaire de l'*Haytian Repu-*
» *blic* sont de telle nature que si MM. Calvin, S. Brice, le président
» Cleveland, le secrétaire Bayard et le ministre Preston étaient dis-
» posés à les livrer au public, les défenseurs les plus zélés du prési-

exclusif et distinct, en ce qui touche les rapports de la France et d'Haïti.

Un nordiste, c'est ainsi que s'appelaient les Normands de *La Nouvelle Tortue*, fait une fausse déclaration devant notaire, contre le représentant de la France et d'autres personnes. Protestation et procès de la part de celui-ci et des autres. Les événements arrêtent la procédure et M. Nelson Desroche est récompensé de ce zèle d'une loyauté discutable, ou non discutable, par l'ambassade de Madrid créée tout exprès pour de tels exploits.

Un ministre de France est nommé : un Normand, un Havrais. Certes, sa personnalité est sympathique, et nul ne conteste la sincérité de ses efforts dans l'intérêt de ses nationaux ; mais comment échapperait-il à l'influence traditionnelle du groupe normand-haïtien ? quel prestige, quelle influence peut-il avoir auprès d'un gouvernement qui n'est qu'une délégation du groupe capois-havrais grâce auquel le seul homme qui vit clair dans la situation a été rappelé ; grâce auquel on mit en disgrâce un homme d'énergie parce qu'il protégeait ses nationaux ? Quelle

» dent rougiraient de lui. C'est simplement un nouvel exemple de la » maladresse (1) du président, du « La force fait le droit. »

» Quand le général Légitime soumit la légalité de la capture au » département d'Etat et consentait à accepter sa décision, c'était » bien entendu, sous la condition que le secrétaire, M. Bayard, » serait guidé par les faits qui lui seraient exposés.

» Le ministre Preston offrit de lui soumettre certaines considéra» tions et de discuter la question avec lui, mais le président décida » que la question n'était pas soumise à enquête et que le vapeur » devrait être rendu.

» Le ministre Presfon insista auprès du président pour une en» quête complète, mais le président resta inébranlable.

» Le fait que M. Calvin S. Brice était sans cesse avec le président » et qu'on dise que, sous certains rapports, il s'intéresse aux amis » des insurgés, amène à conclure que le président s'est laissé » influencer par M. Brice plus que ne le permettent les relations d'é-

(1) Pigheadedness.

action vis-à-vis des fins de non-recevoir des ministres de *La Nouvelle Tortue,* dont la méthode est de ne connaître l'équité qu'en présence d'actes comminatoires, afin de se créer dans leur entourage une excuse de faire bien? Aussi M. Flesh a-t-il dû, malgré son zèle qui n'est pas contesté, repartir sans avoir rien fait; et ses nationaux, lors de son arrivée, ont-ils été déçus, se considérant comme sacrifiés.

Laissons encore parler l'auteur du mémoire.

« ... Lorsque M. Flesh arriva comme titulaire de la légation de France en Haïti, nous l'attendions comme un messie. Il arriva muni de recommandations pour M. d'Aubigny.

» Un ministre de France recommandé à M. d'Aubigny..., c'était déjà un pronostic inquiétant.

» M. d'Aubigny est riche. J'ignore l'origine de sa fortune. C'est le proche parent du chancelier Léon Huttinot. M. d'Aubigny est le protecteur *in partibus* des Français. Sa main discrète reste sans cesse ouverte aux souffrances de nos compatriotes, et il passe avec raison pour la nature la plus serviable, même

---

» gards internationaux. Mais cette affaire n'est pas définitivement » réglée par la restitution de l'*Haytian Républic* à l'amiral Luce.

» C'est une ferme conviction que le vapeur arborera de nouveau » le pavillon haïtien et que les Etats-Unis auront à payer une indem- » nité à Haïti pour avoir repris par force ce navire qui a complète- » ment violé les lois de la neutralité.

» Le transport de soldats pour les insurgés n'était pas la première » offense faite par ce vapeur. Auparavant il avait vendu son canon » au général Hippolyte.

» On affirme positivement au département d'Etat qu'aucune de- » mande d'indemnité n'a été faite pour la capture de l'*Haytian Repu-* » *blic.* M. Morse, propriétaire du navire, a sollicité le secrétaire » Bayard de réclamer 250.000 dollars d'indemnité. Le secrétaire a » répondu qu'il n'y avait pas à se presser et que la question des dom- » mages se déterminerait mieux après l'arrivée du navire à New- » York où il est attendu dans peu de jours. »

Remarquons que le journal dit qu'il est heureux que cette violation à main armée du droit international n'ait pas eu lieu contre l'Angleterre et l'Allemagne. L'idée ne lui vient pas de dire contre la France...

parmi ceux qu'il n'a jamais eu à obliger. Mais M. d'Aubigny est, comme on dit ici, de la bande. Il est inféodé au groupe agiotant avec le gouvernement; et, précisément, à l'heure actuelle, il est douteux que son obligeance allât jusqu'à retarder un rendez-vous avec le ministre des finances pour rendre service à un Français.

» Or, voici ce qui vient de se passer.

» Le ministre universel des *Usurpés,* M. A. Firmin, vient de lui faire cadeau de 500.000 francs. Je dis : cadeau, parce que M. d'Aubigny, légalement, n'avait aucun droit à ce versement; qu'il est absolument illégal; que le ministre des fiannces de l'*usurpateur* (celui dont les usurpés ont pris de force le pouvoir) le lui avait très honnêtement et loyalement refusé. Et dans un moment où ce gouvernement conteste, avec son manque de bonne foi ordinaire, les dettes les moins contestables, ceux qui souffrent s'indignent avec raison de ces insolentes libéralités.

» Quel a été le mobile de M. Firmin?.....

» Les journaux ont entrepris toute une campagne, qui n'était pas nécessaire pour le défendre contre le moindre soupçon et prouver son intégrité. C'est donc par une générosité platonique que M. le ministre des finances s'est transformé en corne d'abondance monétaire, en Jupiter chez Danaë ! Quant à M. d'Aubigny, il est dans son rôle, il fait ses affaires; il se fait payer comme il peut; tout autre à sa place en ferait autant.

» Le gouvernemeut Haïtien a eu l'idée..... étrange et un peu foraine, d'envoyer chercher M. Flesh au débarcadàre avec accompagnement de musique, pour le conduire immédiatement au palais. Cette démarche singulière ne pouvait s'expliquer que par la foi du triomphe dans le choix fait par les alliés du Havre.

» M. Flesh a eu la sagesse et le bon goût de se refuser à cette ovation de maire de campagne en toilette de voyage, et n'a débarqué que bien plus tard pour se rendre directement à son habitation.

» Il n'a pu néanmoins se soustraire à l'action insidieuse d'Orphée personnifiée dans la musique harmonieuse du palais. Elle ne pouvait s'être dérangée pour rien, et elle a attendu son débarquement. Ce n'est que le 7 qu'il a été reçu officiellement et à bras ouverts. Mais toute cette effusion de sentiments contrastait trop vivement avec l'arrogance d'il y a six mois pour ne pas produire chez les Français d'Haïti une impression fâcheuse. Aussi la réception à la légation de France fut-elle d'une extrême froideur. La plupart de nos nationaux victimes des incendies, des persécutions, des vexations et du mauvais vouloir du gouvernement insurrectionnel au pouvoir, se considérèrent d'avance comme sacrifiés.

» Le gouvernement du général Légitime était essentiellement favorable aux Français.

» Aussi très peu des nôtres se rendirent à la réception du 8 août.

» M. Flesh n'a dit que trois choses qui se résument à ceci :

» Qu'aucun Français ne s'occupe de politique, ni de près ni de loin.

» Que tous se montrent très conciliants et très modérés dans leurs réclamations au gouvernement d'Haïti. « Je ferai tout mon possible, vous pouvez y compter, dit M. Flesh, pour vous faire rendre justice ».

» Puis, pour clore son allocution empreinte de bienveillance et de la plus entière bonne foi, par des paroles courtoises, M. Flesh ajoute : « J'ai l'avantage de connaître déjà la plupart d'entre vous. Car je suis du Havre ; j'en viens ; je suis lié avec MM. tels ou tels (précisément des meneurs de l'insurrection) et je suis renseigné ».

» On voit d'ici l'effet produit.

» M. d'Aubigny seul a répondu et ce fut encore une prévention de plus.

» En sortant, les quelques Français venus là se réunirent et dirent simplement ceci : « C'est encore un soufflet. »

» Et, en vérité, n'est-ce pas merveilleux?

» Voilà des négociants aux abois, des gens sans place, d'autres avides à l'excès, qui, par cupidité, et uniquement par cupidité, ont fait de la politique de parti aussi loin qu'on puisse l'imaginer. Ils ont fait tuer des milliers de gens ; on a pillé la maison de campagne du ministre de France, insulté sa femme dans la rue. Ils ont ruiné une foule d'individus, ils ont battu monnaie vraie ou fausse, fabriqué des billets de banque vrais ou faux. Ils ont appelé l'étranger à leur aide. Il y a eu violation de traités, piraterie, abus de force des États-Unis, fourniture de navires de guerre, armes, munitions, tout enfin ce qu'on puisse rêver et, à force de corruption, ils ont établi au Port-au-Prince une capitainerie générale du Cap ! Ils ont fait main basse sur la caisse publique et sur les emplois, n'ont pu rendre aucun compte. Et ces gens-là viennent dire à des compatriotes, à des Français honnêtes dont pas un n'a volé un sou, dont pas un n'a fait d'agiotage, à des Français qui les valent cent fois :

« A présent que nous avons tout pillé et bouleversé, gardez-» vous bien de dire un mot, car cela pourrait nuire à notre tran-» quillité et à nos succès. On pourrait entrevoir ou deviner en » France la vérité que nous avons falsifiée jusqu'aujourd'hui.

» Vous avez été incendiés, ruinés ; vous avez tout perdu, » divers d'entre vous ont vu disparaître, non seulement l'acquit, » mais l'instrument du travail, le moyen de vivre ; pour comble, » à plusieurs, ce gouvernement, suivant son habitude, refuse, » en outre et par rancune, de payer les honoraires qu'il leur » doit. Un bon nombre ne s'en relèveront pas ; certains n'ont » pu continuer l'éducation de leurs enfants. D'autres, pressés » par l'âge, sont tombés dans la gêne extrême ou n'ont pu fuir » en temps utile le climat et la maladie. »

» La marquise d'Almena, Française, est morte dans la misère, » après son mari, en face d'une indemnité de 100,000 francs à leur payer. L'épidémie viendra bientôt.

» Les noms des incendiaires sont dans toutes les bouches.

» Quiconque aurait contesté, en août 1888, l'origine politique » des incendies eût été considéré comme aussi fou que qui-» conque eût parlé de la présidence de M. Hippolyte. Tout cela » est vrai. Mais nous avons les poches pleines, nous n'avons » pas faim : donc, vous, veuillez mourir de faim en silence, » nous l'espérons de votre bon goût. Au Havre, nous vivons » très-bien : donc, ne proférez pas une plainte. Adressez-vous à

» la Banque: demandez-lui des places; continuez à souffrir les » coups d'épiugle, les grossièretés, les coups de bâton des » nôtres et crevez en silence loin de vos familles et de votre » pays, et même avec un sourire de remercîment sur les lèvres » pour nous. Car nous n'entendons pas troubler la quiétude » béate dont nous jouissons. D'ailleurs, vous froisseriez l'amour-» propre que ce gouvernement d'Haïti polit avec la poussière » de sa dignité. a

« N'est-ce pas admirable et hideux!

« Et le beau, en tout cela, c'est que M. Flesh n'en a pas la moindre idée, et que ce qui perce malgré lui, c'est qu'il s'appuie sur un gouvernement favorable à la bande des repus et qui ne le soutiendra pas dans des démarches de patriotisme énergiques.

» Certes, je ne suis pas de ceux qui croient qu'un consul doive amener son pavillon et que la France doive tirer le canon pour le moindre grief personnel d'un des nôtres, mais je dis qu'il y a des questions où elle est tout aussi engagée que pas une insulte à l'uniforme de son représentant ou à notre pavillon.

» Et quand je vois ce qui s'est passé ici et ailleurs, je dis que c'est à se faire naturaliser Anglais ou Américain. C'est honteux à dire, mais c'est vrai, aujourd'hui du moins! »

Ne pas nous occuper de politique! nous montrer conciliant dans nos réclamations!

Hé bien, voici à ce sujet ce qu'écrit M. Petitpierre-Pellion :

« Dans ce pays, quiconque a un centime d'intérêt ne saurait » rester étranger à la politique, puisqu'il n'y a de droit et de loi » que la force et l'arbitraire, surtout et avant tout en ce qui » touche les étrangers.

» Le fait de vivre honnêtement ou de mourir de faim (car si » aucun Haïtien ne passe sa journée sans manger, l'étranger, » qui n'est pas voleur, n'est pas dans le même cas); le fait' » dis-je, de vivre honnêtement ou de mourir de misère dépend » uniquement de l'honnêteté, de l'intelligence et de l'énergie » réunies du chef du gouvernement.

» Qu'un nègre assassin de profession avérée vous assomme, » qu'un Haïtien taré ou son associé vous vole, qu'une adminis-

» tration vous dupe, vous n'obtiendrez ni protection, ni justice : » vous êtes toujours hors la loi, en réalité, si le chef de l'Etat » n'intervient pas. Vous serez joué, mystifié par un zèle verbeux » et trompeur, par des décisions et des ordres rendus tout haut » et contremandés tout bas.

» De là la nécessité des interventions consulaires qui distin- » guent Haïti de tous les autres peuples, qui lui coûtent cher » et qui lui font la plus déplorable réputation.

» Eh bien, lors des incendies du 4 et du 7 juillet 1888, je ne » m'étais même pas occupé des coups de fusil tirés précédem- » ment dans ma rue.

» M. Légitime et M. Manigat partirent. Je restai absolument » étranger à tout ce qui se fit, même en parole.

» Je ne croyais pas que le moment fût encore venu pour » M. Manigat, que je considérais et que je considère comme très » éclairé et très énergique. Un des rares Haïtiens qui appren- » nent en Europe autre chose que ce qu'y savent les commission- » naires et les filles du quart de monde. Et être ici très éner- » gique et pas trop clément à la condition d'être instruit, c'est » indispensable.

» Mais je percevais très bien alors que la population était » pour M. Légitime, par cette raison simple qu'une population » qui ne peut être conduite qu'avec beaucoup de fermeté, et qui » l'a subie longtemps, ne fait une révolution que par réaction et » pour tenter l'expérience de s'en affranchir. Aussi ne deman- » dait-on alors qu'un homme instruit et d'une grande douceur. » Il fallait en passer par cet essai-là.

» Le résultat a été ce que nous savons. M. Légitime a fait » l'expérience.

» Aujourd'hui c'est autre chose. La popularité est par réac- » tion à la lumière, à l'honnêteté, mais surtout et, par réaction » toujours, à l'énergie pratique. Sans instruction, bonne foi et » sévérité tout ensemble, aucun prétendant ne tiendra ni même » n'arrivera.

» Donc me voici, ma maison incendiée, et toute ma biblio- » thèque technique, mes instruments, laboratoire, matériel

» professionnel, plans, projets détruits en une heure, grâce aux » mœurs politiques du pays. Le feu mis intelligemment douze » fois en treize jours. Et contre mes débiteurs haïtiens : Octave, » Francis, Jacob et Demeurau, pas de justice possible, pas plus » que contre mon assassin Salomon Figaro.

» Impossible de faire un travail de vingt francs.

» Je n'étais pas seul dans ce cas. Il y en avait de plus mal» heureux que moi.

» Qui s'est demandé ce que nous devenions les uns et les » autres, ceux surtout qui ont perdu les moyens d'exercer leur » profession ou leur métier ?

« Le gouvernement d'Haïti me charge de divers services. Les » autres sont payés, mais moi, étranger, je ne le suis pas ; au » contraire, je suis volé !

» Je m'adresse aux ministres du président Hippolyte, chef » de la République d'Haïti, que j'ai loyalement et honnêtement » servie.

» Porter une lettre dans un ministère, il faut le faire vous» même.

» Un noir dépenaillé, dans la pose d'un kangouroo, est assis » en travers de la porte ; il est sale à faire peur. La moitié » d'une manche de sa veste graisseuse a disparu ; six bouton» nières effilochées semblent autant d'yeux qui pleurent des » boutons disparus ; un lambeau pend déchiré ; des attentes » d'épaulettes décrochées lui font des ailes ; son pantalon est en » guenille ; une savate orne un pied, l'autre est nu. Une redou» table cartouchière embellit sa ceinture ; par surcroît, une » giberne feudillée est attachée par une bande de chiffon. Un » fusil boueux et rouillé dort entre ses jambes. Avec un pavé, » il s'efforce, à coups répétés, d'en séparer la baïonnette tordue. » Un écheveau d'étoupe de jute sert de bretelle. Un coco-ma» caque raccourci tient sous son bras (1).

» Cet être humain porte un képi de carton défoncé laissant

---

(1) Bâton grossier, impossible à rompre et inséparable des noirs.

» deviner des restes de galon rouge égarés. Cette coiffurs martiale ne peut pénétrer sur sa tête trop large ; elle reste en » arrière, enfoncée sur le cou. On dirait qu'un collègue obligeant » s'est assis sur le tout pour le faire entrer.

» C'est l'huissier du ministère en l'an de grâce 1890, quatre-» vingt-septième de l'indépendance. Était-ce ainsi sous certains » autres présidents ?

» A votre vue, il prend une physionomie à la fois étonnée, » insouciante et rébarbative. Il enfonce, avec une résolution » courageuse prête à tous les dangers, sa baïonnette faussée » dans le chambranle noirci de la porte, et crée ainsi une bar-» rière infranchissable à sa consigne et à vous-même ; et avant » que vous soyez près de lui, il s'écrie qu'il vous faut re-» tourner :

» — Retournez ! retournez !! retournez !!! C'est tout ce que » vous pouvez en tirer.

» Vous implorez du regard les privilégiés et par dessus la » tête du guerrier inébranlable, vous remettez votre lettre au » premier venu. Le cerbère Kangouroo vous laisse faire avec » indulgence. Pas toujours, mais souvent, il demande : Blanc, » donne-moi dix sous.

» A votre lettre pas de réponse.

» Vous allez à travers mille dangers de circulation à la poste » qui porte en enseigne :

» *Administration de l'union postale.*

» Là pas de guerrier. Mais au milieu d'une foule criante, » fumante, odorante et grouillante, vous atteignez le treillis de » la cage qui protège imparfaitement les employés, jeunes gens » ordinairement polis et complaisants, mais mal dirigés et » paralysés par le manque d'organisation.

» Vous demandez à recommander une lettre pour le Minis-» tère.

» On ne recommande pas de la ville pour la ville. Il faut » recommander d'une autre commune.

» Moyennant 35 francs et une journée perdue vous vous » faites conduire à Lacoupe ou Petionville, autrefois désignée

» pour la capitale, et où les gens aisés possèdent des maisons » de campagne à 400 mètres d'altitude, sises sur des cailloux et » privées de toute espèce de vue.

» A Lacoupe il n'y a pas de bureau de poste ni aucun moyen » légal de faire parvenir ou d'expédier une lettre.

» Le lendemain vous louez un mauvais cheval, attendu qu'on » n'en loue pas d'autres. Vous allez plus loin, dans une autre » direction, dans la plaine. En une demi-journée et pour une » vingtaine de francs vous faites le voyage à la Croix-des-» Bouquets. Mais là aussi on a oublié le service postal.

» Enfin, grâce à la faveur d'intermédiaires obligeants après » recherches, des employés de ministère veulent bien prendre » vos lettres.

» Elles restent sans réponse, sans accusé de réception.

» *Comment vivez-vous ?*

» Pendant ce temps certains journaux, certains ministres » déclament contre les indemnités, contre les salaires aux étran-» gers, contre les étrangers, déclarent qu'il faudra refaire les » vêpres Haïtiennes ou massacrer des blancs, ce qui serait une » manière originale de payer ses dettes. D'autres crient qu'il » ne faut plus un seul étranger dans le pays, tout en n'ayant pas » sur eux ni autour d'eux un seul objet, un seul fil de vêtement » qui ne soit dû à l'industrie étrangère.

» Un ministre ingénieux exhume du garde-meuble législatif » une Trouillotade poudreuse et défend le commerce de détail » aux étrangers qui paient en tout double patente. M. Trouillot » agit pour la prostérité.

» Les Haïtiens honnêtes vous plaignent, ils déplorent ce » chaos, mais ils ne sont pas plus heureux que vous.

» *Comment vivez-vous ?*

» Vous vous adressez à la presse. Mais le rédacteur est l'ami » du cousin de la fille d'une tante d'un compère du ministre » qui, de la main droite ou d'une autre, est allié à un Capois » héroïque dans le passé ou dans l'avenir. Donc porte close au » journal.

» Vous écrivez aux journaux de Paris ou au *Courrier des*

» *États-Unis.* Mais les journaux d'abord sont des entreprises » financières qui ne sont philanthropiques que par exception. » C'est naturel. Le public ne sait pas même le nom du président » et les gens du Cap qui sont riches ont fait dire de si belles » choses partout sur leur création gouvernementale, leur œuvre, » que les feuilles sérieuses éprouvent un grand embarras à » révéler la vérité. Puis vous allez heurter les convictions élec- » torales de tels ou tels députés. Donc pas d'insertion.

» Alors vous vous souvenez que vous vous êtes conduit loya- » lement et en homme de bonne compagnie vis-à-vis du prési- » dent. Vous vous rendez vous-même au palais. Après avoir » franchi une garde d'entrée occupée à se lancer à la tête des » képis et des gibernes, genre de sport qui entretient les vertus » héroïques, vous arrivez sain et sauf entre deux lignes de » rosiers, de maïs indisciplinés, de grandes herbes égarées bor- » dées de coquillages et de guérites sang de bœuf renversées. » Encouragé par le bruit guerrier des tambours diurnes et noc- » turnes qui constituent le plus bel apanage de la résidence souve- » raine, vous abordez une sentinelle dans la pose du kangouroo, » avec cette différence qu'au lieu de cicérones malpropres cou- » chés sur une table ou sur des débris de paperasses au rez-de- » chaussée, comme dans certains ministères où le personnel » fonctionne au premier étage, vous découvrez un général poli » qui examine votre pli cacheté, lequel doit être contre-signé. » C'était plus simple avec Sa Majesté Isabelle II, avec le roi Al- » phonse XII, avec Napoléon III, avec le Prince Impérial. Mais » enfin, ce général aimable vous promettant la remise immé- » diate de votre requête, vous attendez au moins un accusé de » réception dans les quarante-huit heures. C'est bon chez les » souverains, mais les gouvernants du Cap ne sont ni ne veulent » être des rois. Or, l'exactitude est la politesse des rois.

» Donc pas d'accusé de réception.

» Votre demande d'audience était justifiée et conçue en » termes tels qu'il semblât difficile de la refuser quand on en » accorde à chaque instant à des ennuyeux et sans motifs, et » quand un tout petit tavernier écrivant à Son Excellence :

» — Mon compère, — reçoit une réponse en termes non moins » égalitaires.

» Malgré tout cela, silence complet.

» Pas tout à fait pourtant. Un membre de la famille régnante, » ayant rang à la cour, s'abaisse jusqu'à manger au cabaret, » comme un simple compagnon charpentier, incognito comme » Pierre de Russie, afin d'avoir l'occasion de vous traiter d'une » façon mal élevée.

» Vous vous adressez à un journal pour riposter, mais le rédac- » teur en chef est ami, cousin ou autre chose, et alors vous êtes » bâillonné. Hâtons-nous de dire que le papa du casseur d'assiet- » tes, homme juste, informé du fait, se fondant sur ce qu'un mem- » bre de la famille souveraine n'a le droit de commettre aucun acte » de sottise, de fatuité et de mauvaise éducation, l'a condamné à » quinze jours d'arrêt, juste comme eût fait l'empereur de Russie. » Ces arrêts devaient être rigoureusement tenus à la poste, dans » la chambre des rebuts, mais comme il n'y avait pas la place » de s'asseoir, les arrêts furent commués en exil à Paris avec » ordre d'y étudier l'art des banquets et des toasts utiles à la » patrie.

» *Comment vivez-vous?*

» Alors vous vous rendez à la légation. Il fut un temps où on » y retrouvait le pays natal. Vous y trouvez ceci, ou du moins » j'y ai trouvé *alors* ceci :

» Pas de ministre titulaire. On est occupé à Paris à résoudre » ce problème Faurain-Ribotain : comment approuver de fait » en la continuant d'une façon déguisée la conduite qu'on a » blâmée ouvertement chez un représentant, afin de le sacrifier » à quelques favoris? A l'époque où nous vivons, un homme » qui n'est pas israélite et qui appartient à une famille de » vielle souche est mal soutenu.

» Le secrétaire, immeuble par destination, obligé de suffire à » tout, est absent pour son service.

» Vous attendez. D'autres Français viennent là, ils ont quitté » leur travail, leur atelier, leur petit commerce, dans un pays » où il faut tout faire soi-même, puisque là-bas les domes-

» tiques sont des princes. Ils sont venus dix fois. Ils ont pris » la peine de s'habiller de leur mieux par respect pour leur con- » sulat. Ils ont sacrifié une demi-journée. Les bureaux, le » matin, étant ouverts à 9 heures jusqu'à midi.

» A onze heures et demie arrive en voiture un jeune chan- » celier en débraillé de saut de lit, sans cravate, sans gilet, » veston blanc ouvert, chemise molle armoriée, écusson et cou- » ronne de comte en chef soutachés de rouge sur le cœur. Il » reçoit les gens « comme des chiens dans un jeu de quille. » tout » en fumant des cigarettes turques. C'est dans cette tenue qu'il » fait les mariages et donne ses audiences. On n'est pas plus » régence.

» Tout le monde s'en plaint jusqu'au jour où, enhardi par l'im- » punité, il pousse l'inconvenance à peu près jusqu'aux voies de » fait et en tout jusqu'à la grossièreté faubourienne. Puis il » croit se tirer d'affaire en se mettant à vos ordres. A cela vous » répondez que vous n'avez ni raison à demander, ni raison à » rendre à un employé de quatrième ordre, nullement sérieux, » qui se conduit indécemment dans l'exercice de ses fonctions. » Où en serait-on si un sous-chef de gare de petite ville pouvait » voler l'argent de la Compagnie en étant insolent avec les voya- » geurs et justifier sa conduite en allant sur le terrain avec des » gens sérieux qui ont bien autre chose à faire ?

» Vous envoyez un rapport, une plainte formelle et justifiée » au ministère, et par discrétion, par excès d'égards, vous » l'adressez à un homme d'une correction et d'une honorabilité » légendaire que vous connaissez depuis longues années : » M. Meurand, directeur honoraire des consulats, etc. Silence » complet.

» On approuve donc puisqu'on ne blâme pas (1).

---

(1) Hâtons-nous de dire que le chancelier actuel en octobre 1890 est un ancien secrétaire, jeune, actif, très-familiarisé avec le pays et connu favorablement de tous les Français, M. Léon Huttinot, fils de notre consul retiré après quarante années de carrière honorable.

» *Comment vivez-vous?*

» Un jour, ce même chancelier dont je viens de parler remet à » uu Français, instructeur militaire que le gouvernement Capois » refusait de payer et qui en était arrivé à la gêne aiguë, une » petite somme de cinq piastres (à peu près cinq francs en » France) et en les lui mettant dans la main de la part de la » légation, ce noble seigneur accompagne ce don de ces mots » pleins de délicatesse de cœur et de finesse d'éducation : c'est » plus que nous ne donnons d'ordinaire *aux pauvres* mais enfin...

» La vieille noblesse, elle, est pleine de tact et d'égards. Ce » pauvre garçon en pleurait. Et voilà en quels termes ce comte » tout neuf, qui émarge sans gagner son argent, fait l'aumône » pour la France au Français qui gagne son argent sans » émarger.

» Toujours la même question. *Comment vivez-vous?*

» Et vous venez me dire de me montrer conciliant, de ne pas » me mêler de politique.

» Alors me faire voleur comme tant d'autres ?

» Assassin ou incendiaire comme beaucoup? mourir de » misère comme plusieurs ?

» Ou me faire sauter la cervelle comme beaucoup ?

» Ou faire antichambre devant vos bottes à l'écuyère, d'ail- » leurs bien malfaites ?

» Hé bien, voici ce qui est monstrueux :

» C'est que pendant que des aventuriers en chambre protégés » par la France s'enrichissent, nous maltraitent, nous volent, » font de la politique armée, moi, si un prétendant m'engage et » si je prends la carabine pour ne pas mourir de faim, je suis » pris, je suis fusillé et j'ai la dignité de ne pas invoquer ma » nationalité pour me protéger.

» Je dis que si demain un prétendant m'offrait un navire de » guerre pour venir sommer la Capitainerie générale du Cap de » disparaître ou bombarder le palais, je serais dans mon droit » en suivant l'exemple donné, et je ne ferais qu'une chose juste » et pratique.

» Et si le gouvernement de M. Ribot me demandait ce que je

» viens faire, je lui répondrais : faire pratiquement et utilement » votre devoir. Et dans les huit jours tous nos nationaux et tous » les étrangers dans leur droit seraient payés et respectés » sans préjudice des intérêts généraux qui se résument souvent » à ceci : surtout pas d'affaires ; cela nous ennuie.

» Certes, j'ai pour principe de ne m'occuper en aucune façon » de politique de parti hors de France. Mais je le ferais, j'aurais » le moyen de le faire et de renverser le gouvernement Capois, » quel droit aurait-il de se plaindre ? Comme sécurité : un assas- » sin de profession récidiviste dix fois me tend un guet-apens ; » sans une force physique suffisante j'y restais. Eh bien, la » justice en a peur ou le protège, ou se le ménage pour de mau- » vais coups. Je n'ai jamais pu obtenir de poursuites, malgré les » réclamations de la légation de France. Sous le ministère de » M. Cauvain on l'a mis à l'abri et il promène effrontément » dans la capitale une honte haïtienne.

» Mes intérêts, j'ai dit ce qu'on en a fait.

» Comme procédés, je n'ai recueilli que des inconvenances » ou des manques d'égards.

» Formulez-donc un reproche sérieux, un reproche avouable » que vous puissiez soutenir honnêtement contre moi.

» J'ai donc, moi, comme mille autres, comme les neuf » dixièmes d'Haïti tout intérêt à ce que ce gouvernement dispa- » raisse.

» Je ne ferai ni un pas, ni un geste, pour y arriver ; la chose » est d'ailleurs assez sûre et assez prochaine.

» Mais s'il suffisait de sacrifices et de vœux adressés aux » dieux immortels, j'offrirais à Mercure un caducée d'or enrichi » de diamants pour hâter cette chute, d'ailleurs sans résistance » possible désormais.

» J'ai été exemplaire de patience.

» Je n'ai pas publié un mot, mais je suis lassé et je vous auto- » rise à faire de mes lettres ou de mes mémoires ce qu'il vous » plaira.

» Je voudrais bien savoir en quoi le président Hippolyte » pourrait m'incriminer.

» D'ailleurs, je le crois encore le plus raisonnable, et proba-
» blement le plus dégoûté.

» Je lui répondrais :

» Qu'ai-je donc fait ?

» Vous avez voulu acheter secrètement l'équipage et le vapeur
» de guerre qui nous portait à Santo-Domingo, et nous emme-
» ner de nuit comme otages au Cap. Par des amis, j'ai décou-
» vert le complot.

» Le président Heureaux ne voulait pas de moi en Dominica-
» nie, ni comme consul, ni comme envoyé extraordinaire ; il ne
» me trouvait pas en sûreté dans votre voisinage ; et par écrit,
» séance tenante, je l'ai déchargé de toute responsabilité vis-à-
» vis de moi et des miens.

» Vos amis plus ou moins exaltés nous poursuivaient par-
» tout.

» A Puerto-Plata, car il y a dans tout cela certaines notes
» gaies, ils n'allaient faire rien de moins que couler à deux en-
» câblures du fort le vapeur qui nous portait, et, sans l'inter-
» vention inattendue du docteur Segundo-Imbert, l'Océan nous
» servait de sépulture.

» Vos amis m'ont exposé aux foudres d'Augustule-Ademar,
» ce qui m'a donné le travail de le plaisanter.

» Vous avez eu, non pas vous personnellement, mais votre
» groupe, deux individus pour me supprimer carabinalement
» sur les plages de Monte-Christy.

» Vous avez donné cinq cents francs à l'anglais Rackley,
» cointéressé de M. Espin, un brave négociant qui sera volé par
» ce drôle au premier jour. Rackley vous a livré un rapport qui
» ne vous a rien appris du tout et qui arrivait en double par
» d'autres voies. Rackley avait pour instructions, si je m'embar-
» quais, de me surprendre avec ses deux hommes, pendant mon
» sommeil, et de me jeter à l'eau. Rackley est un imbécile et un
» gredin.

» M. Jimenez, plus honnêtement et plus justement, a donné à
» cinquante hommes cinquante piastres chacun pour m'enlever
» de nuit sans me faire de mal. Et, précisément, ce jour-là, je

» m'embarquais sur une goëlette pour aller le rencontrer à » Puerto-Plata. De sa part, c'était mal calculé, mais je lui sais » gré de l'intention.

» A la Havane, on a payé, vos amis ont payé des journalistes » pour calomnier indignement le général Hippolyte, vous- » même, monsieur le Président, afin de m'amener une querelle. » On savait bien que, fussé-je adversaire ou ennemi (et je n'étais » personnellement l'ennemi de qui que ce soit), je ne laisserais » pas calomnier un honnête homme. J'ai constitué des témoins, » et j'ai fait un procès.

» C'était de bonne guerre, et je n'en veux à personne.

» Je servais un gouvernement reconnu par celui de mon pays » et par tous les autres, sauf celui de l'*homme du devoir,* » M. Thomson.

» Je servais Haïti.

» Vous serviez une émeute devenue une insurrection avec un » gouvernement étranger.

» Vous desserviez Haïti.

» Et c'est si vrai qu'à l'heure actuelle vous n'avez (je ne dis » pas Votre Excellence, mais votre entourage), vous n'avez pas » pu vous faire à l'idée que vous gouvernez Haïti, que vous » représentez Haïti. De là les griefs qui nous dirigent.

» Car, de deux choses l'une :

» Ou vous n'êtes plus les émeutiers insurgés, et vous devez » rendre justice à ceux qui ont fait leur devoir,

» Ou vous êtes toujours les insurgés exploitant Haïti, et Haïti » doit vous traiter comme tels. Il faut choisir. Il n'y a pas de » milieu.

» J'ai fait mon devoir honnêtement, loyalement et correcte- » ment.

» Je n'ai eu pour récompense que ceci :

» M. Jimenez a dit : « S'il y avait eu deux ou trois hommes » comme celui-là, nous étions perdus. »

» Un autre des vôtres a dit comme M. Jimenez : « Si on avait » fait ce qu'il conseillait dans ses rapports, c'était exactement » cela, et nous n'avions plus rien à faire. »

» C'était de bonne guerre.

» Veuillez donc faire abstraction des sentiments personnels » et envisager les choses de plus haut. Mettez-vous à la place » du général Légitime, où vous êtes, et le général Nord à » la vôtre, en ce temps-là, et où il pourrait être. Eh bien! » vous me demandez les mêmes services que j'ai rendus; vo- » tre gouvernement est reconnu par la France. Formuleriez- » vous un reproche contre moi? me refuseriez-vous la justice » la plus élémentaire dont le refus est un manque de pro- » bité?

» J'ai entendu tant de sottises et d'inconvenances que j'ai » acquis le droit de me plaindre.

» Tenez, monsieur le Président, dans notre milieu, on m'au- » rait porté aux nues si, comme certains consuls dont vous » n'avez jamais blâmé, mais loué à outrance l'immixtion dans » les affaires du pays, j'avais fait le contraire de ce que j'ai » fait.

» Si, à Santo-Domingo, nous vous avions demandé 30.000 » piastres pour vous livrer notre vapeur, vous nous auriez trou- » vé dignes d'éloges.

» Vous m'eussiez accueilli à bras ouverts si je m'étais mis » d'accord avec vous pour envoyer de faux rapports de Monte- » Christy, moyennant 20.000 piastres.

» Si, à Cuba, nous vous avions livré le vapeur *Ramon-de-* » *Herrera,* vous nous auriez bien donné 120.000 piastres.

« Et alors nous aurions été des hommes intelligents!

» Alors votre premier ministre m'aurait couvert de fleurs et » d'encens, comme le modeste et vertueux M. Thomson qui, » lui, ne s'est pas immiscé dans les affaires politiques d'Haïti, » et qui s'est laissé faire.

» Oui, mais vous savez bien, monsieur le Président, que, » dans nos provinces arriérées, mes enfants rougiraient de moi, » et les honnêtes gens me fermeraient leur porte.

» Ce que j'ai fait, je l'ai fait humainement. Outre mes instruc- » tions, j'ai fait tout ce qui était dans la mesure de mes » moyens pour éviter l'effusion du sang, qui vous enrichissait

» tous, ou presque tous. Je n'y cherchais, contrairement aux » vôtres, ni un pot-de-vin d'un centime, ni un emploi. J'en » atteste M. Jimenez et bien d'autres.

» L'esprit d'humanité était le mot d'ordre du président Légi- » time, de Monseigneur Hillion, de Monseigneur Kersuzan, du » ministre de France, comte de Sesmaisons, de celui d'Angle- » terre, M. Zorhab, de M. Margron.

» Mais la question d'humanité ne faisait pas *vos affaires*, et » vous preniez tous les prétextes pour l'écarter.

» Et quand j'examine les profits faits dans l'insurrection du » Cap et ce qu'ils ont coûté, quand je passe, par exemple, de- » vant la Maison Carrée, pas celle de Nîmes, celle de Turgeau, » *Domus Louradouris*, cette réflexion me vient :

» O philanthrope et négrophile Frederick, on a supprimé » la traite, on a bien fait. On a pu reprocher aux anciens colons » que chaque plante de leur champ représentât une goutte de » sueur.

» Chaque fleur de vos jardins, comme le champ d'Iscariote, » représente aujourd'hui une goutte de sang.

» Dans la constitution, rédigée contre les étrangers, en leur » refusant tout, on a oublié un article.

» *Il est interdit à tout étranger, dans quelque pays qu'il soit,* » *de dire un mot de vérité ou de proférer une plainte contre le* » *gouvernement d'Haïti.*

» *L'exécution de cette loi est confiée à la société d'arbitrage* » *américain.*

» *Toute intervention diplomatique est prohibée.*

» *La sanction du droit par les armes est abrogée.*

» C'est un oubli dans la constitution. C'est vrai. Mais jusqu'à » ce que maître Arehin l'ait réparé, ce qui aura lieu au premier » jour, c'est-à-dire à la première constitution, j'userai de mon » droit.

» Il n'y aurait donc plus qu'un moyen de me punir, mais » si ordinaire, si usé, aussi vulgaire que le coco-macaque, le » symbole incomparable de vilenie, m'assassiner, m'empoi-

» sonner ou me rendre fou avec des plantes vandouzien-
» nes (1).

» Malheureusement je ne suis pas encore fou, et tout ce que
» j'ai à dire est écrit et en lieu sûr. Après ma mort, je devien-
» drais d'une indiscrétion de zambi ! » (2).

« Je dois rendre cette justice à M. Flesh, c'est que quand on a abordé avec lui cette question délicate, il ne s'en est nullement offensé et qu'il a cherché à rassurer ses nationaux en leur promettant tout son zèle, et dans des termes qui ne laissent aucun doute sur sa sincérité, mais qui en laissent considérablement sur l'efficacité de ses moyens d'action. »

Il y a, en effet, bien d'autres choses à raconter que ne l'a fait là M. Pellion.

Et maintenant supposez, par impossible, qu'un événement, comme celui d'un Français aidant à renverser ou renversant le gouvernement, s'offrît seulement en perspective, et même sans cela, voici la situation de la colonie française :

D'une part, nos nationaux, vexés, persécutés, insultés par les repus que la légation de France, obéissant au gouvernement de la République française, comble de prévenances et d'égards, de parfums et de fleurs.

D'autre part, la légation impuissante; pleine de bon vouloir platonique, désarmée et désaffectionnée, paralysée pour des motifs d'intérêts généraux auxquels beaucoup ne croient plus après deux ans et demi de souffrances et de patience silencieuses. D'ailleurs, sous ces climats où, par le temps, l'âge

---

(1) Le culte du Vandoux ou adoration de la couleuvre, pratiqué par les noirs, a introduit d'Afrique l'usage de plantes redoutables qui nous sont inconnues et qui produisent la léthargie, la folie, la mort lente ou subite ; les exemples en sont nombreux.

(2) Zambi. Dans la superstition du peuple haïtien, le zambi est le « revenant ». La crainte des zambis entre pour beaucoup dans certaines pratiques des gens du peuple.

compte double, et par les privations, même pour les riches, la vie compte triple ; l'atermoiement, c'est la ruine.

On est en train de franciser l'Afrique ; mais, à en juger par ce qui se passe à Haïti dans ce moment, on va africaniser la France.

Et l'auteur continue parlant de M. Flesh :

« Faire tout ce qu'il peut est bien. Mais que peut-il ?

« Nous allons le voir. »

VIII

« Il y a, *pendante* ici, comme toujours une affaire *terminée*, très connue et que voici en quelques mots : l'affaire Silvie. Un Français, M. Silvie, négociant, a avec son associé, M. Chambeau-Debrosse, un procès pour 1.800.000 fr. environ qui dure quatorze ans, ou plus exactement depuis quatorze ans.

« En 1878, la Cour de cassation juge définitivement en faveur de Silvie.

« M. Chambeau-Debrosse est Haïtien.

« Deux ans plus tard, la Cour de cassation au Port-au-Prince revient sur la chose jugée. Et en 1883, l'avocat de Chambeau-Debrosse étant devenu un personnage influent au ministère de la justice, le ministre, M. Madion, *invite* la Cour à reviser l'affaire.

« Cette Cour rendit des services et non pas des arrêts aux Haïtiens.

» Elle annule docilement ou complaisamment le jugement qu'elle a rendu des années auparavant, sans tenir compte du commencement d'exécution !

« Chambeau-Debrosse profite de l'événement pour aliéner les propriétés, garantie de la créance Silvie.

« Après nombre de dépenses et de démarches, les deux gouvernements français et haïtien soumettent la question du déni de justice à un tribunal arbitral composé de :

« MM. Chante-Grellet, conseiller d'Etat de France ; Féreaud-Giraud, conseiller à la cour de cassation de France ; Louis Renault, professeur de droit international à la Faculté de Paris.

« M. Flourens étant ministre des affaires étrangères et M. Charles Laforestrie ministre plénipotentiaire d'Haïti.

« Je les nomme afin d'établir ce que peu d'Haïtiens comprennent ou peuvent comprendre, à en juger par l'*exposé de la situation* d'Haïti aux Chambres, en 1890, émanant du président Hippolyte, à savoir : qu'il y a des arbitres au-dessus de tout soupçon.

« Ce tribunal condamne le gouvernement haïtien à indemniser Silvie.

« Ce gouvernement signe, en conséquence, au gouvernement français 500.000 fr. de billets à échéances fixes, que le gouvernement français doit toucher pour le compte de Silvie.

« Vous m'accorderez bien que si moi, Français, modeste négociant au Havre, par exemple, je devais au gouvernement français 5.000 fr. d'impositions ou de billets échus et impayés, et que je fusse réellement sans ressources, je serais impitoyablement exécuté, saisi, vendu jusqu'à parfait paiement.

« Vous m'accorderez bien que si je devais à une maison de banque du Havre 50.000 fr. protestés, et que j'aie la fantaisie, au vu et su de tous, de dépenser 50.000 fr. comptant pour en faire cadeau à mon cousin ou à un tiers quelconque, je serais justement poursuivi et traité comme banqueroutier frauduleux.

« Et sans aller si loin, voici des faits récents :

« Des professeurs français, engagés en France pour Haïti, sous condition expresse d'être payés mensuellement et en or, restent plus de trois mois sans être payés. Il en résulte pour certains d'entre eux, qui n'ont pas d'autres ressources que le produit très honorable de leur profession, une situation aiguë, humiliante, qui arrive à la dernière limite.

« Remarquons que les difficultés commencèrent dès le premier jour. Jamais les Haïtiens, à de rares exceptions près, ne peuvent admettre qu'un traité, une promesse, une parole donnée à un étranger soit valable, du moment où l'étranger y trouve son compte autant que l'Haïtien. Jamais l'Haïtien ne se croit le moindre devoir vis-à-vis de l'étranger. Toute rémunération du travail d'un étranger lui semble une aumône due à une générosité excessive.

« Si, dans le commerce, il en est autrement avec les fournisseurs, c'est que le crédit serait coupé immédiatement. Bien des marchands, des épiciers sont voleurs en Haïti, mais sont honnêtes avec leurs commissionnaires au dehors. Pour le reste, l'Haïtien vous dit : Je ne vous dois rien, je ne vous connais pas, faites un procès si vous voulez.

« On sait où cela conduit.

« Donc, certains professeurs arrivèrent à une telle situation, qu'à la requête de quelque épicier vertueux ou de quelque propriétaire philanthrope, les meubles furent saisis et mis en vente par décision du juge, qui ne tint aucun compte de ce que le gouvernement, au nom duquel il juge, était débiteur de cinq fois la somme due par le créancier qu'il condamne, et que, dans ce pays de liberté et d'égalité, celui-ci est dans l'impossibilité pratique de poursuivre son débiteur officiel.

« Or, les billets Silvie, souscrits par Haïti à l'ordre de la France, endossés à l'ordre de Silvie, s'élèvent à 500,000 francs et sont impayés par le gouvernement haïtien, qui jette en largesses 500,000 francs en or à M. d'Aubigny. La logique et la pratique du gouvernement allemand, par exemple, c'est « Je « proteste et je saisis », comme il l'a déjà fait dans des cas analogues. Huit jours pour payer ou un navire de guerre s'empare de la douane pour quelques jours et se paie. Et, remarquez que cela fait l'affaire des gouvernants, parce que, en vertu du principe haïtien : « *L'étranger n'a droit à rien* », ils se trouvent excusés du crime d'honnêteté vis-à-vis de leur entourage, en criant à l'abus de la force.

« Eh bien ! voici ce que l'intègre M. Firmin a proposé. Dans ma pensée, il est trop intelligent pour ne pas l'avoir fait dans l'esprit que je viens de dire : par un fond d'honnêteté, exagérant les choses pour se faire forcer la main. Il devait s'attendre à une rupture d'arrangements. Le plus étonné aujourd'hui, ce doit être lui certainement, lui qui se moque volontiers de l'intervention de la marine française.

« Ecoutez bien : Renouvellement des billets à dix ans de délai et cinq pour cent d'intérêts ! !

« Ce n'est pas une proportion ; c'est une mystification de plus ; de celles qui font dire qu'ils *roulent* toujours la diplomatie française.

« Analysez cette proposition, elle devient une inconvenance.

« Dix ans de renouvellement de billets, quand vous exécutez dans les huit jours des professeurs que vous laissez sans ressources ! Quand vous gaspillez des sommes inconnues pour vos favoris et sans justification possible, des millions disparus et dont vous vous renvoyez les uns aux autres la responsabilité ! Quand vous donnez les 500.000 francs en or appartenant aux billets échus, quand vous les versez à votre co-spéculateur ! (j'entends : spéculateur avec le gouvernement). Quand ces billets résultent d'un déni de justice honteux venant de vous et qui a déjà amené un retard de dix ans !

« Et vous offrez cinq pour cent d'intérêts, dans un pays où M. d'Aubigny, et en cela il n'a rien fait que de normal, M. d'Aubigny lui-même prêtait à MM. Haentjens, lors de la construction du phare de Mariani, 50.000 francs à 4,5 0/0 par mois, 54 0/0 par an : en dix ans, 540 0/0 ; où on a prêté sur hypothèques à 3 1/2 0/0 par mois ; 42 0/0 par an. »

« A quel taux M. d'Aubigny escompte-t-il, lui, comme mille autres, vos feuilles de paiement échéant dans quinze jours ou un mois ? Je connais des employés à 500 francs par mois en ce moment qui escomptent leur feuille échéant dans deux mois à 60 pour cent de décompte.

« Mais les feuilles échues, direz-vous ? — Osez donc publier sincèrement le tableau des feuilles escomptées par la Banque du gouvernement depuis dix ans et de montrer la moyenne d'intérêt annuel qui y correspond, vous seriez vous-mêmes effrayés de voir à quel taux vous escomptez votre propre signature !

« Elle ne vaut pas, peut-être, 50 pour cent de sa valeur nominale. De 500 francs combien d'ordonnances de fin de mois se sont escomptées en touchant 225 francs? Répondez donc ! Et cela dans une banque où on affirme avoir été payés, du 1er janvier au 21 mars 1888, jour d'équinoxe, et toujours à des demoiselles, pour fournitures d'encre au gouvernement, 248.642 piastres, disons (la piastre à 5 fr.) 1.243.210 fr., et on ajoute qu'on a également dépensé de boîtes à archives 38.000 piastres ou 190.000 fr.

« Si le fait est exact c'est, pour les boîtes, en leur supposant 0^m50 de long sur 0^m40 de large, à 5 fr. pièce, de quoi couvrir un espace de 40^m de longueur sur 10^m de largeur.

« Pour l'encre c'est, en un an, un bassin de 40^m sur 30^m et 1^m de profondeur ; une belle pièce d'eau noire où peut naviguer la barque à Caron.

« Nous voilà loin des 1.500 fr. de cire à cacheter de la princesse, d'après M. La Selve. Nous arrivons presque au Pactole pétrolien des honnêtes et scrupuleux épiciers MM. Merdanue.

« Il y a de l'argent pour tout, excepté pour payer les dettes honnêtes. Et, je le répète, je défie aucun ministre des finances d'oser faire la lumière sur la valeur moyenne, en dix ans, de la signature gouvernementale.

« Un renouvellement est donc en lui-même une absurdité. Avec 5 ou 6 0/0 d'intérêt annuel, c'est une mystification, c'est une défaite, rien de plus, du temps gagné jusqu' « *après nous le déluge* ».

« Eh bien, voilà ce que M. Flesh a obtenu.

« Le ministre, M. Firmin, conteste le droit à l'indemnité d'incendies, quoique le feu mis dans deux bâtiments de l'Etat *rende celui-ci responsable du risque de voisin,* dans un pays où on n'assure pas, et en admettant, ce qui est absurde, que les incendies ne soient pas un procédé politique propre aux mœurs d'Haïti (1).

« Puis il demande d'abord dix ans, puis enfin cinq ans de renouvellement des effets Silvie. Et l'infortuné M. Flesh, plein de bon vouloir, faisant ce qu'il peut, n'a pas les pouvoirs nécessaires pour en finir avec ces comédies usées pour quiconque connaît Haïti.

« Il repart donc après un insuccès complet.

« Ainsi d'une part : un professeur français qui ne paie pas est saisi et exécuté au nom du gouvernement d'Haïti qui lui doit, et lorsque le malheureux ne demande que de quoi faire vivre sa famille par son travail.

« De l'autre : le gouvernement d'Haïti jetant l'or par les fenêtres ostensiblement à ses favoris, ne payant pas ses effets, laissant sa signature en souffrance, demande cinq ans de renouvellement avec intérêt dérisoire, au bout desquels la même comédie se renouvellera, à moins que, plaise à Dieu, les gouvernants d'aujourd'hui ne soient oubliés.

« Si M. Flesh, à son retour rapportait un brevet de chevalier de la Légion d'honnenr pour M. Firmin et un pour M. d'Au-

---

(1) Mgr Hillion, archevêque, un père et depuis vingt ans un bienfaiteur d'Haïti, jamais contesté, sinon par quelques-uns de ces esprits forts qui dissertent la tête dans les cieux et les pieds éternellement dans le fumier, Mgr Hillion, bien renseigné par des confidences et non des confessions, s'exprime ainsi dans sa lettre-circulaire réclamant des secours pour les incendiés, le 7 juillet 1889 :

« ,.... Notre douleur est d'autant plus amère que l'indulgence la « plus excessive ne permet pas d'attribuer cette catastrophe à une « imprudence. Les diverses tentatives d'incendie essayées sur plu- « sieurs points de la capitale sont la preuve évidente que le feu a été « allumé par des mains criminelles. Les expressions nous manquent « pour stigmatiser comme il convient ces âmes perverses qui, *dans* « *le but de satisfaire des passions politiques* ou des rancunes person- « nelles, ne craignent pas de plonger tant de familles honnêtes et « paisibles dans la misère, avec le triste cortège de douleurs qu'elle « entraîne à sa suite. L'esprit se trouble en sondant la profondeur « des abîmes de scélératesse et d'infamie où descend l'homme sans « conscience et sans Dieu. »

bigny? Peut-être daigneraient-ils l'accepter. Quant à M. Renne et à M. Faure, on dit que M. Ribot leur a fait réserver pour le 1er janvier deux croix de chevalier *pour services exceptionnels.*

« Cela arrangerait les choses, ce serait à mettre avec la grand' croix Burdelesque au président Salomon et le service de Sèvres au général Santana.

« A Paris, en nommant commandeur de la Légion d'honneur M. Charles Laforestrie, on a dû se tromper. Outre que cette famille fait le plus grand honneur à son pays, l'un des frères est chevalier du même ordre ; un autre, Léon, enlevé prématurément par la maladie, était ingénieur en chef du gouvernement, ancien élève de l'École Centrale ; les autres frères se sont adonnés aux sciences et aux arts ; plusieurs ont pris du service dans les corps français en 1870. C'est pourquoi, comme ils ne sont ni du Cap ni du Hâvre, je suppose qu'on s'est trompé en les décorant.

« O ! naïveté française, ô peuple le plus spirituel de la terre, ô monde d'utopistes et de rêveurs ! »

IX

Certes, comme le dit l'auteur, la personnalité de M. Flesh n'est pas en cause. On admet au contraire, parmi ses nationaux que d'autres n'eussent peut-être pas fait mieux. Mais c'est un fait à noter que cet envoi si laborieusement retardé d'un ministre imbu de bonne foi des idées normandes dans cette question d'Haïti.

On eût pu perdre à la désignation d'un autre envoyé moins

sympathique et moins dévoué, peut-être moins habile ; soit. Mais étant donnés les précédents, il y avait une question d'équité et de bon goût national à ne pas laisser les Normands-Haïtiens et les pseudo-Français jeter un défi de plus aux Français garrottés, bâillonnés et sacrifiés.

J'ai sous les yeux des récits et portraits humoristiques faisant partie d'un ouvrage en préparation : *Scènes et aventures comiques dans l'île de Saint-Domingue.* Les convenances ne m'autorisent pas à en reproduire les passages relatifs au sujet qui m'occupe sans une autorisation que j'obtiendrai peut-être. Dans cette série d'articles, l'écrivain blâme sous forme sarcastique l'outrecuidance d'un groupe de gens qui auraient de bonnes raisons de se montrer plus modestes. Je regrette de ne pouvoir reproduire en entier celui que je viens de lire, parce qu'il est caractéristique. Il constitue un tableau où, même sans connaître les modèles, on devine que les portraits sont ressemblants ; par malheur, beaucoup de choses n'y sont saisissables ou intelligibles que pour les habitants d'Haïti ou pour des gens familiarisés dès longtemps avec ce pays. Mais au milieu de toutes ces figures, aux divers plans de cette boutade, quelques-unes se détachent plus frappantes et appellent l'attention.

Qui est donc ce M. Fréderick Elie, ce marchand de la *Nouvelle-Tortue,* associé ou correspondant privilégié de la maison Postel, du Havre ? D'où vient que ce monsieur dépeint d'une façon si divertissante, et assurément si ressemblante, a le droit de dire *coram populo* qu'il dispose à sa guise, pour lui et ses amis, de la nomination ou du rappel des ministres de France ou de ses consuls ? Que lui et son groupe décident du sort juste ou inique de nos nationaux, et que le ministère des affaires étrangères et le gouvernement français sont à la discrétion de la coterie d'agioteurs à laquelle il appartient ?

J'ignore s'il est israélite, mais ce que je constate, c'est que son assurance ressemble assez à l'aplomb inimitable d'un juif faubourien. C'est bien là le type de *la France Juive*. Et derrière les plaisanteries transparentes que je viens de lire, quand on va aux renseignements, on trouve des vestiges bien marqués des traditions des anciens flibustiers de La Tortue. C'est donc bien toujours cela. Et ce que je remarque. c'est que la Société française des Télégraphes se hâte de le choisir comme représentant dans Haïti, juste récompense d'une conduite Normande-Capoise.

Le chargé d'affaires, en l'absence de M. Flesh, si tant est que les Normands-Capois n'opposent pas leur *veto* au retour de celui-ci, M. Ritt est un homme jeune, aimable, qui prend trop au sérieux certaines gens, erreur inévitable au premier temps de son séjour à Port-au-Prince, qui croit à la sincérité de M. Antenor Firmin, et qui se prodigue activement dans l'intérêt de ses nationaux.

Il a obtenu de la grandeur d'âme du ministre des affaires étrangères et des finances que la banqueroute gouvernementale vis-à-vis du gouvernement français et de M. Silvie ne dure que dix-huit mois.

Est-ce un succès?

Après ce que j'ai dit, c'est une défaite, un peu moindre si on veut; pendant que sur un autre terrain un nouveau déni de justice se prépare à l'égard de M. Silvie.

Mais voici plus fort dans ce sens de la doctrine du bon plaisir de la part du gouvernement capois.

M. Santini ayant obtenu la concession d'un établissement industriel au Cap, sous le gouvernement du président Salomon. une clause du contrat établit que tout différend avec le gouvernement sera jugé devant arbitres.

M. Santini, qui est Français, rencontra, de la part du commerce du Cap, une excessive hostilité, le commerce haïtien étant généralement ennemi de toute industrie, qu'il n'envisage qu'au point de vue d'une concurrence dangereuse.

La prohibition à l'importation des articles fabriqués par M. Santini n'est pas respectée, contrairement aux clauses du contrat.

Puis d'autres faits se produisent. Le coup de main du Cap arrête l'usine pendant deux ans.

Une première fois, M. Santini, se trouvant lésé dans ses intérêts, adresse une réclamation au gouvernement et demande un arbitrage, comme c'est son droit écrit.

On le lui accorde après une longue résistance, et on désigne deux arbitres de part et d'autre.

Mais... mais il ne peut obtenir la signature du compromis donnant pouvoir aux arbitres.

Après l'insurrection, M. Santini entreprend de nouvelles démarches dans le même but.

On lui accorde encore un tribunal arbitral, et le gouvernement désigne comme arbitre un des employés de l'Etat, ennemi personnel de M. Santini, à ce point que cet individu lui-même se récuse.

Par qui le remplace-t-on?

Par un fonctionnaire partie dans la cause, le directeur de la douane du Cap, qui a violé le contrat, celui-là même qui a permis l'importation et en a perçu le droit!

Protestations de M. Santini, démarches sur démarches, une douzaine de voyages, frais, etc., pour arriver à obtenir un tribunal arbitral donnant quelque garantie d'équité.

Impossibilité, résistance d'inertie et résistance de faux-fuyants.

Intervention de la légation de France.

Promesse de formation d'un tribunal équitable.

Mais n'oublions pas que la notion du rôle d'arbitre est fausse dans Haïti.

Elle est fausse à deux points de vue.

1° Presque sans exception, un Haïtien, le plus honnête du monde, considère comme un devoir de défendre quand même la cause mauvaise de la partie qui l'a désigné. Et c'est si vrai que M. Boisrond-Canal lui-même, l'ex-président d'Haïti, surnommé dans son pays et justement : *Sans peur et sans reproche*, n'a pas cette notion de l'arbitrage qui fait de l'arbitre un juge impartial. Dans une affaire d'un Français avec MM. Jacob et Demeuran, la loi le récusait à tous égards, et comme partie dans la cause, et comme dépendant financièrement et constamment par ses affaires sucrières de ces messieurs. Eh bien! malgré les observations courtoises de notre compatriote, ne voulant pas, par égard, recourir à une récusation légale, M. Boisrond-Canal a persisté, ne croyant pas pouvoir refuser à ses amis et co-intéressés le concours de son influence. Et notre compatriote s'est vu paralysé, et depuis trois ans n'a pu obtenir le salaire de ses travaux ni l'arbitrage convenu.

2° Tout Haïtien, à de bien rares exceptions près, fait consister le patriotisme à tout refuser aux étrangers : la justice comme le reste. Les constitutions et les lois le prouvent. Et si l'un d'eux a le courage de l'impartialité, son entourage le signale comme un mauvais patriote. Dans ces conditions, un tribunal arbitral pour un étranger est illusoire ou très-dangereux, du moment qu'il s'agit de la moindre réclamation au gouvernement, et notez bien que, même dans les litiges où tout Haïti ne saurait fournir un Haïtien compétent, la loi refuse aux étrangers même le droit de désigner des arbitres qui ne soient pas Haïtiens. C'est monstrueux, n'est-ce pas ? et la diplomatie française n'a pas pu ou pas voulu faire modifier cette loi d'iniquité.

M. Santini proposait donc la nomination de deux juges arbitraux ou de quatre, mais sous la réserve que le tiers-arbitre serait un consul non-Français, qui ne fût ni agioteur, ni négociant. Le gouvernement s'y refuse et consent enfin, grâce aux démarches de la légation de France, à soumettre la question à un tribunal arbitral, mais à la condition que le tiers-arbitre sera M. Lucien Hector, homme honorable et bienveillant, mais enfin un Capois nécessairement imbu malgré lui des idées locales.

M. Santini accepte.

Il nomme ses deux arbitres, deux hommes contre l'honorabilité et la compétence desquels le gouvernement reconnaît n'avoir aucune objection à faire.

Eh bien ! le gouvernement les récuse. Ce sont deux Français.

Il les récuse, pourquoi ?

Parce que les arbitres doivent être du Cap !

Et sait-on sur qui au premier moment le gouvernement jette ses vues comme arbitres ? Sur deux Capois.

L'un, journaliste acharné contre la concession de M. Santini, et qui, de plus, a eu maille à partir avec l'un des arbitres de celui-ci, qu'il avait tout simplement calomnié et qui l'a durement relevé.

L'autre, un individu, qui à propos des affaires du Cap a menacé M. Santini de son revolver au milieu d'une foule ameutée autour de M. Santini, protestant publiquement contre les propos insultants tenus à l'égard de la France, que les Capois aiment tant.... au dire du journaliste en question. (Voir la *Liberté* du 19 janvier 1889.)

Ce n'est pas tout, le gouvernement prétend même que le tribunal arbitral siège au Cap, quand dans le contrat de concession qui en détermine la constitution, le domicile du ministre contractant est élu à Port-au-Prince

C'est-à-dire que tandis que comme garantie d'équité on transporte une cause d'une Cour à une autre pour éviter l'influence locale, ici on le fait pour rechercher cette influence !

En somme, depuis un an de voyages et de démarches, aidé du concours de la légation de France, M. Santini n'a pu obtenir la constitution d'un tribunal arbitral impartial que son contrat stipule précisément. Tout cela c'est un manque de pudeur.

Je le répète, on voit soustraire certaines causes à l'influence locale en les renvoyant à une autre Cour que celle à laquelle elle ressortissent. Mais il appartenait à la Capitainerie générale de *la Nouvelle-Tortue* de jeter le masque en faisant le contraire.

« Quelque corrompus que soient les hommes, dit Massillon, il y a toujours un reste de pudeur qui force le vice à se cacher. »

Eh bien ! quand on veut commettre une iniquité, on devrait avoir la décence de la déguiser.

Il faudra l'intervention de la légation française pour arriver à obtenir, et peut-être, un tribunal composé de gens tout à fait honorables et impartiaux et siégeant hors du Cap. C'est du temps gagné, toujours jusqu'à ce que les gens meurent d'épidémie ou de désespoir, comme dans l'affaire van Bokklan. Les légations sont désarmées devant les gouvernements prêts à tomber, et les choses s'éternisent.

C'est toujours la comédie de l'ajournement et du jeu de bascule. C'est la bonne foi punique et si des Carthaginois ont découvert l'Atlantide, on peut se demander s'ils n'auraient pas mouillé à la baie du Cap.

Mais voici qui met le comble à ce système de représailles ou plutôt de mesquines rancunes que pratiquent conjointement le gouvernement haïtien actuel et ses alliés normands.

Il s'agit de nommer un consul de France à la *Nouvelle-Tortue.*

Qui croit-on que le gouvernement français désigne?...

..... Le consul pseudo-français, le normand-haïtien par excellence, celui-là même qui s'est si innocemment et loyalement conduit en prenant des actions dans l'insurrection contre le gouvernement ami de la France et favorable aux Français!

M. Flesh apporte aux Capois triomphants, et comme don de joyeux avènement, la nomination comme consul de M. Renne.

Ainsi voilà un consul de France qui, ostensiblement, a fait de la politique de parti à main armée dans Haïti, qui a contribué ouvertement à fournir à des insurgés des navires pirates, des canons, des mitrailleuses, des fusils, des munitions, des publications fausses, de l'argent, etc., et qui a *ameuté, d'après lui-même,* un groupe considérable de députés contre le représentant de la France, sous prétexte que le concours platonique et humanitaire de ce dernier au gouvernement établi dépassait ses attributions. Et c'est celui-là, parce qu'il est normand-haïtien, négociant au Havre et à la *Nouvelle-Tortue,* qui est chargé de représenter la France dans cette ville!

D'autre part, on annonce l'arrivée du nouveau directeur de la Banque, M. Hartmann, qui est étranger et établi au Havre.

Ainsi : ministre des Affaires étrangères de France, ministre dans Haïti, consul de France au Cap haïtien, directeur de la Banque nationale d'Haïti, interpellateur à M. Simonds, le représentant de la Société des Télégraphes, capitainerie générale du Cap à Port-au-Prince; en tout et partout le Cap-Havre, tous Capois havrais.

L'archevêque seul ne pouvant être Capois ni Havrais et la population réclamant un Breton connu et qui ait fait ses preuves, la capitainerie générale agit comme pour l'ex-représentant de la France et laisse l'archevêché vacant et le troupeau sans pasteur.

Est-ce clair ?

Est-ce significatif ?

Les armes de France en écu sur champ du pavillon Renne et Devé !

Il manquait à la gaieté française un carnaval d'été !

Après cela, attendons-nous à voir, lors de la chute prochaine du gouvernement normand-haïtien à Port-au-Prince, M. Antenor Firmin nommé duc de Normandie, M. Frederick Elie directeur de la monnaie et de la fabrication des billets de la banque de France, et l'héritier présomptif du bonnet phrygien présidentiel, le dauphin d'Haïti, cet homme courtois dont les capacités postales sont légendaires, comme dit le mémoire déjà cité, appelé au ministère des postes et télégraphes de France. Ce sera le moins.

Pourquoi, en si beau chemin, s'arrêterait-on? Pourquoi la Normandie, étant annexée déjà à la *Nouvelle-Tortue*, n'annexerait-on pas la France républicaine à la République d'Haïti. Pourquoi pas? Les République sœurs R. H. F. ! Quelle gloire pour les descendants de Charlemagne !

M. de Priceprevost fait suivre ses articles ironiques des réflexions suivantes :

« La classe d'élite, l'Haïti honnête et sérieux, n'est pour rien dans cette aventure.

» Le tort du gouvernement français, c'est d'avoir confondu un coup de main sur un coffre-fort, avec une révolution politique, de s'être légèrement et mal renseigné, ou, qui pis est, d'avoir méconnu ceux qui voyaient juste pour se livrer à des avis intéressés.

» Certes, il y a des intérêts généraux qui imposent parfois de douloureux sacrifices.

» On noie quelques malheureux pour sauver la chaloupe en combrée, mais est-ce le cas?

» Comment d'autres puissances mieux éclairées agissent-elles autrement ?

» Jamais je n'admettrai, en France, qu'un fonctionnaire quelconque manque à ses devoirs pour une somme d'argent. Toutes les suppositions que, dans Haïti, on puisse faire ne prouvent rien dans un milieu tout différent. Mais convenons que, dans le cas qui nous occupe, en ce qui concerne Haïti, si le ministre des affaires étrangères était à la solde de la Capitainerie générale des Capois, les choses ne seraient pas différentes de ce qu'elles sont.

» Les gouvernements d'Haïti ne soutiennent l'indépendance que par un jeu de bascule assez grossier entre Paris et Washington et dont la France fait les frais. Ils nous traitent iniquement quand les Etats-Unis les flattent, puis ils se jettent dans nos bras quand les Etats-Unis les menacent. Faisons nos conditions ou abandonnons-les une bonne fois en réservant des garanties matérielles. Le danger pour nous n'est pas si considérable qu'on se le figure.

» Le gouvernement actuel ne représente rien. C'est un gouvernement d'aventure. Le coup de main qui l'a créé n'a aucun sens politique. C'est un accident. On n'a pu lui donner aucun nom. C'est une parenthèse ouverte dans la révolution qui a renversé le président Salomon. Il a fait grand bruit de la publication de formidables enquêtes qu'il s'est bien gardé de publier. Il a décrété cette plaisanterie : qu'un nouveau Josué avait arrêté le soleil, de la chute de Salomon à l'avènement de M. Hippolyte ; il a commis faute sur faute et n'a abouti à rien, sinon à un isolement complet.

» Pour tous ceux qui n'ont pas voulu être les complices de l'insurrection, son mot d'ordre est celui-ci :

» Il n'y aura rien pour vous : ni salaire, ni paiement, ni travail. Peu nous importe l'intérêt de l'Etat, l'intérêt du peuple, « comme nous disions sans cesse pour l'exploiter. L'Etat, c'est « nous. Le Trésor, c'est nous ; le peuple est fait pour nous ».

» Quelle hauteur de vue pour ces gouvernants de la fraternité ! Quelle grandeur d'âme chez ces gens qui se sont posés en moralisateurs d'Haïti.

» Le roi de France, lui, ne vengeait pas les injures du duc d'Orléans.

» Plus fiers que vous, certains ne vous ont fait ni une demande, ni une avance ; ils ne laisseront pas un lambeau de leur dignité à chaque centime de leur gain ; ils attendront que de plus dignes, plus expérimentés vous aient remplacé. Et pourtant au jour du danger, si le cas se présente, leur humanité ne vous fera pas défaut.

» Vous parlez fièrement de VOTRE OEUVRE.

» Elle est édifiante !

» Eh bien ! vous devriez créer un ordre *ad hoc* : l'*Ordre de l'Œuvre des Chevaliers-Probants.* »

« Je sais que votre modestie, comme celle des Américains, réprouve une institution qui signale au respect de tous les mérites et les services rendus sans distinction d'origine. Dans des pays où l'on vient au monde avec le génie, où l'on est en naissant héroïque ou sublime, grand artiste ou savant, le mérite perd sa valeur et porte ombrage à autrui.

» Mais en portant un ruban multicolore ou un crachat fulgurant au chapeau, ne les montreraient que ceux qui dans la maison resteraient couverts ou voudraient le montrer. Leur modestie se trouverait ainsi d'accord avec leur politesse et il suffirait de se découvrir pour rentrer dans l'égalité.

» C'est un usage établi, toutes les fois qu'on veut énoncer la moindre critique à l'égard du gouvernement actuel d'Haïti, de la faire précéder d'une longue apologie du président Hippolyte, apologie monotone et uniforme. C'est l'exorde insinuant, l'anesthésique local. Et, en vérité, il semblerait que quand un homme n'est ni un voleur, ni un assassin, ni un imbécile, il mérite des statues. Le vocabulaire pompeux de la langue haïtienne s'épuise en peu de temps.

» Moi, simple observateur, je reconnais que S. E. le président Hippolyte et moi, en ne volant personne, nous sommes presque aussi honnêtes qu'un des mille cochers de fiacre qui travaillent seize heures par jour avec quinze degrés de froid pour nourrir une femme et quatre enfants, et qui rapportent chaque jour au bureau des épaves un porte-monnaie ou une liasse de billets de banque oubliés dans leur voiture.

» Le président, avant le coup de main du Cap, était aussi pauvre que les Français impayés, et cela fait son éloge.

» En tombant demain, le sera-t-il encore? Je veux bien le croire; mais, outre que je n'en sais rien, il n'aura fait que son devoir, et s'il fallait canoniser tous ceux qui font leur devoir et rien que leur devoir, ce serait beaucoup.

» Comme mérite, a-t-il plus étudié, plus voyagé, plus vu, plus regardé, plus appris en science, en industrie, travaux publics, agriculture, communications, transports, administration, armée, marine, etc., que ses prédécesseurs?

« Je suis encore à chercher une preuve palpable, une amélioration utile en quoi que soit autre que des élucubrations fantaisistes et des projets non étudiés.

« Comme orateur, qualité à mon sens bien secondaire, est-il éloquent?...

» Comme écuyer passant une revue, rappelle-t-il Charles X, Laurent Franconi, Napoléon III ou Baucher?

» Sa vie privée, au milieu d'un pays de monogamie légitime et de religion catholique, est-elle un modèle? Les procédés dont le clergé est l'objet répondent suffisamment. Certes, chacun est libre de sa religion. Henri IV était huguenot; mais il jugeait que Paris valait une messe.

» Comme gouverne, il n'est, je le veux bien, que théoriquement responsable. Il règne et ne gouverne pas, soit! heureusement. Mais jamais gouvernement plus pitoyable et de vues plus étroites n'a pesé sur Haïti.

» J'aime mieux Domingue. C'était le vol, le scandale en grand, impudemment, sans gêne et sans détour. C'était la grandeur dans l'indigne; mais c'était la grandeur.

» Quelque atroce que soit un grand acte, il inspire une certaine admiration même dans le crime.

» Le président Hippolyte est un brave homme. C'est quelque chose, mais ce n'est pas assez pour remettre sur pied un pays que lui et son entourage ont entrepris de désorganiser sous leur responsabilité et à leur profit. De sorte que, au total et tout bien compté, les Capois-Hâvrais ont fait prendre au sérieux par les

Mazarins de la R. F. un état de choses qui n'en est pas un et qui, en s'évanouissant, ne leur laissera que le ridicule qu'ils ont mérité.

» Ce gouvernement de fait et de hasard, ce gouvernement d'intérim, dit : *des usurpés,* M. Firmin le perdra, quitte à entrer dans un autre, et plaise à Dieu que sa confiance démesurée en son génie ne le conduise pas à une fin tragique que les Français mécontents ou victimes seraient néanmoins les premiers à vouloir empêcher.

» Au jour prochain où ce commandement d'aventure succombera sous l'impopularité générale due à son origine sans fondement, à ses procédés de rancunes mesquines et de favoritisme étroit et exclusif, il n'en restera que ceci : une honte pour Haïti, dont il a donné la mesure de vénalité, une humiliation pour la France, dont le gouvernement a pris une poignée d'émeutiers pour une armée révolutionnaire, ses ennemis pour ses confidents, ses adversaires pour ses conseillers, et récompensé la clairvoyance de son représentant en le rappelant. Il en résultera pour les entrepreneurs de la fête, dont les bougies s'éteignent, un sauve-qui-peut, où les uns pourraient bien laisser leurs os, les autres leurs écus, et où quelques-uns, qui n'ont pas encore pris les devants pour mettre à l'abri, en Europe, eux et leur caisse, s'échapperont et viendront grossir l'élément moralisateur de la France, qui les accueillera à bras ouverts.

» Voilà le dernier mot de cette révolution que des gens du Cap proclamaient comme la plus morale qui se soit accomplie, et dont on parlerait pendant des siècles avec admiration. »

X

Tout cela est parfaitement juste. Nous manquons de détermination et de promptitude dans les décisions. A force de trop bien faire, nous n'arrivons pas.

Le mieux est souvent l'ennemi du bien, et qui frappe le premier frappe deux fois.

Et malgré toutes ces erreurs, ces intrigues, ces fautes, ces inconséquences sans nombre, la force des choses conduit le ministère du quai d'Orsay aujourd'hui à se faire le plagiaire du représentant désavoué, à reprendre, vis-à-vis d'un gouvernement de mauvais aloi, sans principe, sans programme, sans appui et sans nom précis, la politique du temps du président Légitime, vis-à-vis d'un gouvernement qui avait sa raison d'être, à intercéder timidement et peu dignement auprès de l'alliance dominicano-américaine, qu'il n'a pas laissé combattre au début, qu'il a justifiée et qui devient menaçante pour ceux qui l'avaient appelée.

Ceux qui, malgré ce que racontent les romans antipatriotiques de la *Liberté* du Cap, forçaient le blocus effectif à main armée et faisaient accompagner les navires marchands de leurs navires de guerre, pourraient bien, au premier jour, retourner contre les amis de « la liberté » la fameuse théorie des blocus non effectifs. Et il faut convenir que ce serait justice au point de vue providentiel.

Au jour prochain et possible où la question dominicaine, si maladroitement soulevée au mépris du droit étranger et de l'intérêt commun, par favoritisme pour les intérêts matériels personnels à quelques Capois, arriverait à une rupture, la Capitainerie générale à Port-au-Prince sera renversée, et, étant hâvraise, ce sera un soufflet de plus pour la France.

M. de Priceprevost signale ce qu'il restera après la chute du gouvernement actuel. Il en restera encore des faits comme ceux-ci qu'un membre du groupe, un négociant bien vu, qui faisait perdre en France 800.000 francs et qui offrait 10 0/0 à ses créanciers, offre aujourd'hui 33 0/0.

Il restera qu'avant février 1891, des sommes considérables dues en France seront compromises ou perdues.

Il restera que des familles mises en deuil en 1888 seront frappées de nouveau.

Il restera qu'il existe et qu'il existera toujours un élément normand-haïtien, du Cap aux Gonaïves, étranger à la vraie France et au véritable Haïti, élément vivace, persistant, qui traversera les siècles ; dont l'amour aveugle du gain est la seule loi et qui renouvellera, aux moments les plus inattendus, le prises de gallions d'or sous des formes diverses impossibles à prévoir ; élément inquiétant pour Haïti et pour la France et avec lequel il faudra compter, moins pour lui-même que pour les conflits qu'il peut amener entre les grandes puissances sur le terrain passif d'Haïti.

Ce qu'il restera, je le trouve encore dans ce passage d'une correspondance récente que voici :

« Le gouvernement, quoi qu'on fasse, quel que soit le caractère personnel, soit de son chef, soit de ceux qui l'entourent, souffre d'un vice originel qui ne disparaîtra qu'avec lui.

« C'est la corruption sans honte au service de la cupidité sans frein.

« Ce qui se passe est écœurant.

« Des ministres se reprochant tout haut les millions volés et le public colportant tout bas des listes de répartition.

« Des ministres se reprochant hautement en conseil des illégalités d'argent scandaleuses.

« Des ministres mis en demeure de rendre des comptes et ne pouvant expliquer les dépenses de leur coup de main de la révolution morale et moralisatrice.

« La presse et le public nommant tout haut des faux monnayeurs et leurs complices qui imposent au pays un gros vol de millions, affichent insolemment un luxe inattendu, parlent haut et fort comme des parvenus sûrs de l'impunité.

« Et pour clore le tableau : une Chambre qui, en présence d'une désinvolture ministérielle ironique et dédaigneuse, passe d'un premier mouvement d'indépendance à une platitude complaisante et docile dont les journaux discutent la probité que la conscience des honnêtes gens ne discute plus.

« Je le répète : c'est écœurant.

« Et la conséquence facile à saisir, la voici :

« Quelqu'opération que ce gouvernement fasse désormais : cession, déguisée ou non, de territoire aux Etats-Unis ; emprunt d'argent en Europe ; crédit à l'industrie, à l'agriculture ou aux travaux publics ; elle est stigmatisée d'avance ; elle n'apparaîtra jamais aux yeux des honnêtes gens que comme la continuation du système d'origine, comme une audacieuse flibusterie pour combler des déficits inavouables ou satisfaire d'insatiables besoins au détriment du public prêteur et du public emprunteur ; comme la continuation des honteux pots-de-vin.

« Qu'on le sache bien : toutes ces affaires se montreront désormais sales et salissantes pour tous ceux qui y toucheront.

« Si j'appartenais à une fonction publique, que je fusse ministre, consul, sénateur ou député, je croirais de mon honneur de combattre quand même et de parti pris toute opération financière entre la France et le gouvernement actuel d'Haïti.

« Qu'on s'appelle Postel, Reine, Elie, Devé, Faure, Ribot, Flesh ou de Monclar, on est devenu suspect et l'on devient forcément complice dans l'esprit public par continuation d'idée de ce que j'ai appelé le vice originel, « la corruption sans honte au service de la cupidité sans frein ».

« Il y a des terrains où les gens décents ne mettent pas le pied.

« Il fut un temps, en France, où le fait, par deux ministres, d'avoir *accepté* un pot-de-vin de 50.000 fr. chacun dans une grosse opération profitable à tout le pays, devint un deuil et un scandale dans le pays entier. On n'osait en parler qu'à voix basse. Traînés devant la Cour des Pairs, tous deux furent condamnés et leur nom reste encore gravé dans la mémoire des hommes de ce temps-là.

« Il y a quelques années, à Port-au-Prince, un notable négociant vint trouver, à la légation de France, le comte de Lémont, alors ministre. Il venait proposer à ce dernier de faire entrer dans une réclamation au gouvernement haïtien une grosse créance dont lui, négociant, était porteur. Et avec sérénité, tout naturellement, comme la chose la plus simple, il offrait au ministre de partager le résultat avec lui.

« Le comte de Lémont, qui n'était sans doute pas un homme de devoir, comme on l'entend autour de M. Hippolyte, se leva tout d'une pièce.

« — Vous êtes entré ici par la porte, dit-il, prenez garde que « je vous en chasse par la fenêtre. Allez-vous-en ! »

« Alors, le vieux comte chassait les fripons de la légation. J'ai dit comment, aujourd'hui, les comtes photographes frais émoulus en chassent les honnêtes gens, avec l'approbation du ministère.

« Un individu, très bien placé par sa famille pour juger l'état des choses, me disait dernièrement :

« Jusqu'à changement radical ici, tous vos ministres dans « Haïti seront dans l'alternative ou de se corrompre ou d'être en disgrâce.

« Pour ne pas être suspect sous ce gouvernement nordiste, « soutenu par la France, il faut des rentes, ou le traitement du « lord-juge d'Angleterre, ou du consul général chinois à la « Havane. »

« C'est évident. Tous ceux qui désormais marcheront d'accord, en question d'argent surtout, avec le gouvernement du général Hippolyte, c'est-à-dire de l'insurrection capoise, hériteront des préventions qui pèsent sur lui ou subiront l'influence et les intrigues des gens d'ici à Paris.

« Vous verrez que le gouvernement de M. Firmin va, par contraste avec ses premiers temps, devenir de plus en plus flatteur pour la France, après avoir flatté et joué les subtils

Américains. *Timeo Danaos et*..... Et vous verrez que les diplomates que le monde nous envie découvriront, si ce n'est fait déjà, qu'il faut faire tous les caprices de M. Firmin, et même lui ouvrir les caisses françaises, mettre des millions à sa disposition, afin d'obtenir de Sa Grandeur le remboursement de vingt francs volés à nos nationaux.

« Qui gouverne à Paris ? M. Ribot ou M. Firmin ?

« Est-ce que la France a besoin de détours et d'écouter des flagorneries, que leur contraste d'aujourd'hui avec le langage d'hier rend indécentes, pour faire respecter ses droits ?

« Un de nos consuls à Santo-Domingo répondait un jour au fameux Santana :

« L'empereur ne veut pas que nos nationaux soient traités « ainsi. Il ne le veut pas et ce ne sera pas. »

« Et comme Santana répondait qu'après tout il était le maître, étant le Président, le consul lui répondit :

« — Eh bien ! c'est pourquoi on vous brisera ! »

« Et justice fut faite, et les droits français furent alors respectés.

« *Quantùm mutatus ab illo !*

« Si nos députés faisaient ouvrir la Banque de France à M. Firmin, si on faisait caisse commune ; l'annexion de la Banque de France à la Banque d'Haïti ; la rue de la Vrillière et la rue Taitbout ; les Banques sœurs, avec liberté, égalité et fraternité d'action et d'actions. L'âge d'or !... »

XI

Lorsqu'un gouvernement réel représentant une tradition sérieuse, ancienne ou rajeunie, un principe politique ou social, un programme raisonné ; lorsqu'un gouvernement, en un mot, reprendra la direction du pays et le remettra dans un état normal, Haïti, arraché aux mains avides et incapables d'un groupe d'aventuriers pourra peut-être retrouver la prospérité.

Mais combien il y aura à faire pour détruire l'influence démoralisatrice du coup de main de 1889.

L'égoïsme, la cupidité, les emplois sans mérite, les directions sans capacité, la fortune sans travail, le vol légalisé deviennent dans une période semblable l'objectif d'un grand nombre et la désorganisation morale, intellectuelle et matérielle du pays s'ensuit.

Il ne s'agit pas de rêveries, de projets irréalisables, de programmes fantaisistes pour l'exécution desquels tout fait défaut. Il faut avant tout le sens pratique de compter avec les hommes et les choses tels qu'on les a. Malheureusement une fois sur la pente il est difficile de s'arrêter.

Il ne suffit pas d'un homme intelligent et éclairé, il faut un homme d'expérience, ayant vu et *regardé* ce qui se fait ailleurs. Il faut un homme juste, modéré, à la hauteur de sa mission, ayant fait une école de gouvernement, ayant de la volonté, de la suite dans les idées et une excessive énergie.

Quand un peuple d'impressions aussi mobiles a traversé une période de désorganisation comme celle-ci, il est inévitable, pour un certain temps, qu'une volonté ferme se substitue aux raisonnements faux et confus, et aux institutions de mise en scène. Il faut d'abord le « silence dans les rangs. » Il n'est que temps d'y arriver.

Il faut ramener et développer la bonne foi, la loyauté dans les transactions, la probité, le respect du droit de chacun et de tous; faire comprendre de gré ou de force que la liberté de l'individu est limitée par celle de la masse, et cela au dehors comme au dedans. Que la liberté entraîne le droit à l'oisiveté, c'est un malheur; mais qu'elle donne le droit aux profits et aux honneurs avec le mépris de l'honnêteté et du travail, c'est là ce que le coup de main du groupe Capois a sinon inventé, du moins favorisé, pratiqué, développé. C'est l'acte le plus pernicieux qui se soit accompli dans Haïti et c'est le mal le plus difficile à guérir. Car qui honore le mal déshonore le bien et le coupable récompensé est dans le cas d'une femme déshonorée. On ne refait pas des vierges avec des prostituées.

Nul n'est isolé dans le monde aujourd'hui, et un peuple, comme un homme, a besoin d'une bonne réputation.

M. de Priceprevost dit qu'on n'a pas trouvé de nom à ce coup de main, qu'on l'a baptisé :

Vengeance de Séïde Télémaque;

Puis séparatisme;

Puis révolution ;

Puis renversement de l'usurpateur ;

Puis leur œuvre ;

Puis revendication du Nord, sans dire revendication de quoi.

C'est que son seul principe c'est la revendication du trésor et de la fabrication des billets de banque.

Son nom :

Forbanisme de la Nouvelle Tortue.

XII

Et pendant que le parlement haïtien subventionne la fondation d'un journal, *Haïti en Europe,* qu'un autre journal, la *Fraternité,* se fonde également; que la *Revue exotique* vend la biographie comique de Jean Bouqui, et que la *Revue diplomatique* publie celle de Talleyrand Firmin; que la Normandie-Haïtienne dispose des députés à M. Renne et de l'interpellateur à M. Simondo, les Français, ici comme à l'étranger d'ailleurs, n'ont ni un orateur, ni un journal, ni une ligne d'un journal pour se faire entendre.

Les Haïtiens à Paris peuvent dire dans la presse tout ce qu'il leur plaît. Qu'un Français essaie donc en Haïti de dévoiler la vérité sur des questions qui l'intéressent ou qui intéressent son pays !

L'interpellation, en France comme ailleurs, ne peut être permise à la tribune du Parlement qu'aux députés. Encore n'est-elle souvent qu'une mise en scène illusoire. Les exigences électorales permettent difficilement au représentant du peuple, qui sort du cabinet du ministre pour y solliciter des emplois ou des faveurs, de l'interpeller autrement que d'accord avec lui. Une Chambre de députés ressemble fort à un théâtre.

L'interpellation sous forme de conférences publiques ou dans la presse est permise à tous, mais elle n'est pas à la portée de tous, surtout de ceux qui sont au loin.

Tant qu'un organe spécial des Français à l'étranger ne sera pas fondé, les mêmes abus se représenteront.

Les Anglais trouvent des Anglais partout, et une protection énergique et souvent sommaire.

Il n'en est pas de même pour les Français.

Bien heureux quand ils ne se trouvent pas en présence de chanceliers insolents, jeunes gens décavés ou déclassés, nobles de contrebande ou par raccroc, gens mal élevés et de mauvaise tenue, dont on se débarrasse en les envoyant au loin ; parasites qui gagnent leur traitement en s'adonnant à l'étude photographique sur le nu d'académies féminines, dont on fait des reproductions et gorges chaudes, traitent les Français de Turc à Maure, leur font faire antichambre à leur chemise de nuit, donnent de la France, à la représentation de laquelle ils appartiennent, une honteuse idée, et contre les actes desquels les réclamations au ministère restent sans effet.

Et quand on pense que le succès et la réputation d'un honnête homme, d'une famille respectable sont aux mains de pareils faquins, qui possèdent les secrets intimes, et à qui on s'adresse naturellement de près ou de loin pour des renseignements confidentiels, les seuls qu'ils soient capables de donner, n'étudiant rien des pays où on les envoie, on comprend la timidité, l'humilité de certains Français malheureux qui les paient et qui les valent cent fois.

On s'étonne que l'esprit de corps ne cède pas au respect de corps et au respect de soi-même.

Dans les moindres corporations industrielles on est plus sévère et plus digne.

J'en conclus que là comme dans l'organisation de la justice et de l'assistance publique, il y a des réformes qui s'imposent.

Malgré moi je me rappelle la circulaire affichée où M. Fialin de Persigny rappelait aux employés des grandes administrations la courtoisie et le calme dont ils ne devaient jamais se départir vis-à-vis du public, leur disant qu'ils ne doivent pas oublier qu'ils sont après tout les serviteurs du public qui les paie. Et il me revient à l'esprit ce que disait ces jours-ci un journal très sensé à propos de l'assistance publique. Il rapporte ce propos d'une sœur de charité : « Ici on ne doit pas se plaindre. »

Et il ajoute :

« L'Etat est un berger qui ne peut agir que par les fonctionnaires. Or le fonctionnaire est un chien de berger qui mord par nature les moutons. On craint toujours ses crocs ».

C'est pourquoi, pour ma part, je parle tout haut et j'insiste sur la plainte formulée par M. Petitpierre-Pellion et je demande l'envoi à la fourrière du chien mauvais que je considère heureusement comme une exception.

Pour aujourd'hui il était utile de signaler les idées fausses qu'on se fait en France sur certains pays, et l'influence fâcheuse que le cosmopolitisme commercial peut produire à certains moments, en donnant à des gouvernements insignifiants en eux-mêmes comme politique, une influence indirecte reflexe sur les mœurs européennes.

Ici, c'est la cupidité et la corruption de là-bas qui nous envahissent. C'est le gouvernement passager d'Haïti qui mène le ministère français, qui croit au contraire le diriger.

Le groupe Normand-Capois, les descendants héritiers de l'ancienne Tortue, agissent contre l'Haïti honnête comme ils agissent contre la France. *La Nouvelle-Tortue* est ce qu'était l'ancienne. Les Haïtiens honorables et sensés désapprouvent des actes dont eux et leur pays sont les premières victimes.

Il en est de même des Français de bonne foi et désintéressés.

Le jour où à côté de la représentation officielle dans les pays lointains s'instituera un corps de contrôle indépendant ; le jour où nos ministres des affaires étrangères s'entoureront de renseignements impartiaux, désintéressés, libres des traditions et des influences de l'esprit de corps ; le jour où on fera là ce qu'on a fait pour l'armée, pour la marine, pour toutes nos grandes institutions ; le jour où des rapports plus positifs que littéraires émaneront de gens familiarisés avec les pays d'outre-mer, il arrivera qu'un ministre pratique en France ou tel représentant énergique au dehors troublera tant soit peu ces idées admises et la quiétude de certains ronds de cuir du quai d'Orsay. Mais on constatera, en particulier dans Haïti, que les ministres Haïtiens, fixés d'avance sur le sens ou sur l'esprit des instructions adressées à nos chargés d'affaires, en font bon marché, se contentent d'en sourire, que ce sont eux qui dirigent en ayant l'air de se laisser conduire. On reconnaîtra l'abaissement du prestige de la France en constatant l'état permanent de représailles qui, pour nous Français surtout, a substitué à la traite des noirs justement abolie, une traite des blancs plus ou moins déguisée, mais instinctive et souvent impitoyable.

Qu'on crée donc un journal spécial : *L'Interpellateur,* par exemple, et que les griefs de nos nationaux puissent se faire entendre autrement que par l'octroi de faveurs et à l'aide de courtisannerie dignes du seizième siècle. Ou bien encore : *Le Protecteur* des Français et de leurs intérêts à l'étranger, ayant pour devises :

A l'étranger il n'y a pas de parti, il n'y a que des Français.

La France doit être partout où il y a un Français.

Le meilleur gouvernement hors de chez nous est celui qui de bonne foi nous offre le plus de garanties pour nos intérêts et de sécurité pour nos personnes.

Le seul gouvernement auquel nous devons un concours actif est celui qui reconnaît le gouvernement de notre pays.

Aucun peuple aujourd'hui n'a le droit de dire : je suis chez moi, je fais ce que je veux ; on ne fait ce qu'on veut qu'à la condition de vouloir ce que veut tout le monde ou on disparaît.

A notre époque les honnêtes gens sont chez eux partout.

La force est le dernier mot du droit.

Alors le public et le gouvernement sauront la vérité vraie sur ce qui se passe et le devoir de chacun sera mieux tracé.

N'est-il pas étrange de voir en ce moment ce qui se produit ?

Il faut y remédier.

En 1890 on peut résumer la situation dans l'île de Saint-Domingue par ces mots :

La France se démène, le Cap Haïtien la conduit.

Paris.—Imp. de G. Balitout et Cᵉ, 7, rue Baillif.

www.ingramcontent.com/pod-product-compliance
Ingram Content Group UK Ltd.
Pitfield, Milton Keynes, MK11 3LW, UK
UKHW021057270726
13967UKWH00012B/1977